领导和管理的时空理论

陈国权 ◎ 著

清华大学出版社
北京

内 容 简 介

本书系统性地阐述了领导和管理的时空理论体系,强调领导者和管理者需要通过时间和空间两个视角,多层次、多维度和动态地对组织进行认识和分析、设计和决策,采取行动和举措,使组织取得良好的表现,并保持可持续的生存和健康和谐的发展。同以往领导和管理的理论相比,时空理论强调更宏大的视野,容纳更多的变量,从而能够用于研究和解决更为复杂和动态的领导和管理问题。本书共8章,分别从领导和管理的时空理论的总体框架、空间层次分析、空间维度分析、时间动态分析、时空(层维动)综合分析、时空互动分析、竞争互动分析、时空成效分析,对领导和管理的时空理论进行了系统的阐述。

本书适合管理类各专业的师生、各级组织的领导者和管理者,以及所有希望提高自身领导和管理能力的人士阅读。

本书封面贴有清华大学出版社防伪标签,无标签者不得销售。

版权所有,侵权必究。举报: 010-62782989, beiqinquan@tup.tsinghua.edu.cn。

图书在版编目(CIP)数据

领导和管理的时空理论 / 陈国权著. — 北京: 清华大学出版社,2022.5(2024.6重印)
ISBN 978-7-302-60658-1

Ⅰ. ①领⋯ Ⅱ. ①陈⋯ Ⅲ. ①领导学②管理学 Ⅳ. ① C93

中国版本图书馆 CIP 数据核字 (2022) 第 068137 号

责任编辑: 高晓蔚
封面设计: 汉风唐韵
版式设计: 方加青
责任校对: 王凤芝
责任印制: 宋 林

出版发行: 清华大学出版社
网　　址: https://www.tup.com.cn, https://www.wqxuetang.com
地　　址: 北京清华大学学研大厦 A 座　　　**邮　　编:** 100084
社 总 机: 010-83470000　　　**邮　　购:** 010-62786544
投稿与读者服务: 010-62776969, c-service@tup.tsinghua.edu.cn
质 量 反 馈: 010-62772015, zhiliang@tup.tsinghua.edu.cn

印 装 者: 三河市东方印刷有限公司
经　　销: 全国新华书店
开　　本: 170mm×230mm　　　**印　张:** 11.5　　　**字　数:** 163 千字
版　　次: 2022 年 6 月第 1 版　　　**印　次:** 2024 年 6 月第 5 次印刷
定　　价: 65.00 元

产品编号:082135-02

推 荐 语

陈国权教授经过多年的研究建立了领导和管理的时空理论，努力融合东西方智慧的优秀元素，其中的动态系统思想对领导和管理工作具有重要的指导作用，这是对我国管理学研究在原创性理论发展方面做出的积极贡献。他的学术探索精神值得学习和倡导。

——赵纯均，清华大学经济管理学院原院长，中国管理现代化研究会名誉理事长

中国管理学界呼唤原创的管理学理论，中国企业家需要贴近实践的管理学理论。陈国权教授的著作《领导和管理的时空理论》的出版，是一件令人欣喜的事情！是具有理论和实践双重意义的事情！相信本书能给我国管理学界的同仁们带来鲜活的思想，同时给企业家带来解惑的工具。

——王方华，上海交通大学安泰经济与管理学院原院长

陈国权教授的著作《领导和管理的时空理论》创造性地从时空的视角阐述了领导和管理的新思想和新方法，是管理学科领域的重要创新成果，值得广大理论界和实践界的人士学习。

——赵曙明，南京大学人文社会科学资深教授、商学院名誉院长、行知书院院长

陈国权教授的著作《领导和管理的时空理论》从时间和空间两种视角，多层次、多维度和动态性系统阐述了对组织的认知、设计、决策和行动及其对组织绩效、可持续生存和健康和谐发展的效应机理，视野宏大、深入浅出、蕴含广泛、预见深远，对于研究和解决复杂动态的领导和管理问题，具有重要的指导意义和应用价值。

——王重鸣，浙江大学文科资深教授，浙江省特级专家，国际丝路创业教育联盟理事长

和很多讨论领导和管理的视角不同，本书呈现了领导者和管理者的宏大和长远的视野，提出运用时空智慧来促进组织健康、和谐和持续的发展。本书新颖地揭示了在当今复杂和动态环境下领导和管理的本质。

——张志学，北京大学光华管理学院博雅特聘教授

中国管理学界如何建立自己原创的、有广泛影响力的理论，树立理论自信，是当今我国管理学界的重要使命。陈国权教授创建领导和管理的时空理论，为达成这一使命做出了很好的表率和重要的贡献。希望广大管理领域的研究者和实践者积极地阅读这本著作。

——黄丽华，复旦大学管理学院教授、原党委书记，复旦管理学奖励基金会副秘书长

前 言

当今的组织面临复杂多变、机会和挑战并存的环境,组织要取得并保持可持续的竞争优势,需要内心强大、具有大智慧的领导者和管理者。内心强大、具有大智慧的领导者和管理者是组织和社会重要的、稀缺的资源!一个组织、地区和国家的发展,其领导者和管理者能否带领大家走上正确的方向、能否提高发展的效率、能否应对各种各样的机遇和挑战等是特别重要的。

改革开放以来,中国关于领导和管理的理论和书籍,大多是从西方引进的。西方的领导和管理理论虽然对中国的领导和管理的教育和实践起到了重要作用,但是随着中国经济和社会的迅速发展以及世界形势的不断变化,我们需要建立源自中国的领导和管理理论,将其用于解释中国经济和社会发展取得成功的原因,并对其今后的发展提出实际的策略,为解决当今人类面临的共同挑战和问题提出中国见解和方案。自古以来,中国人在思想和思维方式上就有其独特的优势,我们应该利用这些优势、博采众长、自成体系,建立源自中国、有影响力的领导和管理理论。我们有责任让中国自己的领导和管理理论在学术界拥有话语权,让我们的学生在领导和管理的书籍和课堂上见到中国学者的理论。

在当今中国的大学里工作,我一直有一种强烈的使命感和激情,那就是建立源自中国的领导和管理理论。建构一种针对领导和管理议题的具有强判断力、解释力、预测力、干预力的新理论是我多年的愿望。经过长期的积累和研究,我的头脑中慢慢形成了这个理论的基本框架。我开始为这个理论命名。其实,如何为一个理论命名也是颇费心思的一件事情。在为该理论命名的时候,起初想用"领导和管理的动态系统理论"这个名字。"动态"和"系统"都是大家所熟知的词,虽然也可以概括理论的主旨,但是总觉得还可以进一步改善。直到有一天,我在思考这个理论时,"时空"二字闯入了脑海中,顿感"十年得一句"的欣喜。我认为,"时空"这个词汇对应了自己对《淮南子》中"宇宙"概念的理解:"往古来今谓之宙,四方上下谓之宇。"其中,"往古来今"对应"时","四方上下"对应"空"。而我们每一个人都生活在时空之中。因此我就将其命名为"领导和管理的时空理论"。相对于国外很多领导和管理的理论重视细分领域的研究,"领导和管理的时空理论"强调更宏大的视野,容纳更多的变量,从而能够用于研究和解决更为复杂和动态的问题。

  本书包括8章内容。第1章提出了领导和管理的时空理论的总体框架。第2章、第3章和第4章分别从空间层次、空间维度和时间动态三个方面来分析组织。其中,第2章阐述了层次兼顾、层次切换和层次转换;第3章阐述了维度兼顾、维度切换和维度转换;第4章阐述了动态兼顾、动态切换和动态转换。第5章综合了第2章、第3章、第4章的分析内容,提出了组织内部的时空(层维动)综合分析,包括层维动三兼顾、层维动三切换、层维动三转换。第6章提出了组织内部的时空互动分析,包括时空兼顾、时空切换和时空转换。第7章根据时空理论的总体框架中的组织、环境以及组织和环境之间的挑战和应战关系,提出了组织和外部环境的竞争互动分析。其中,基于空间层次,提出了升层策略和降层策略;基于空间维度,提出了升维策略和降维策略;基于时间动态,提出了升时策略和降时策略;基于组织和环境的关系,提出了升激策略和降激策略。第8章是在前7章(因)的分析之后,阐述了领导和管理的时空成效(果)。其中,基于空间视角的层次方面,提出了3个"好",即管理"好"自己、管理"好"团队和管理"好"组织;基于空间视角的维度方面,提出了2个"强大",即建立"强大"的软实力和建立"强大"的硬实力;基于时间视角的动态方面,提出了3个"对得起",即"对得起"过去、"对得起"现在和"对得起"未来。

本书是作者多年以来研究成果的总结。全书各章从不同方面阐述了领导和管理的时空理论的模型、方法和应用,并包含图表、案例等丰富的内容。为有利于读者对全书的阅读和掌握,作者提供了全书的思维导图,反映了各章内容的全貌和相互之间的逻辑关系,使读者能够更好地理解和掌握领导和管理的时空理论。

本书适合管理类各专业的师生、各级组织的领导者和管理者,以及所有希望提高自身领导和管理能力的人士阅读。

在本书中,作者引用了很多国内外学者的理论、方法、观点和案例,在此向他们表示衷心的感谢。作者虽然尽最大努力注明了引用文献的来源,但也难免可能有疏漏之处,敬请著者谅解和指正。

和本书《领导和管理的时空理论》相对应的另一本书是《时空领导力》。这两本书依据的思想是一致的,《领导和管理的时空理论》侧重理论,《时空领导力》侧重实践,其内容共同形成完整的理论和实践体系。

感谢清华大学经济管理学院"影响力"提升计划项目(2020051008)和国家自然科学基金项目(72172071,71772099)的资助。感谢我的学生们在本书写作的过程中给予的支持和帮助。感谢我的家人和朋友们给予的关心和鼓励。感谢清华大学出版社高晓蔚编辑的热心支持和大力帮助,使得本书得以面世,呈现给广大读者。感谢您——亲爱的读者,感谢您读这本书,希望对您有所帮助。

由于作者的时间和水平有限,书中难免有不妥之处,希望大家不吝指正。我将不断改进,使其日臻完善。

陈国权
2022年春天于北京清华园

本书思维导图

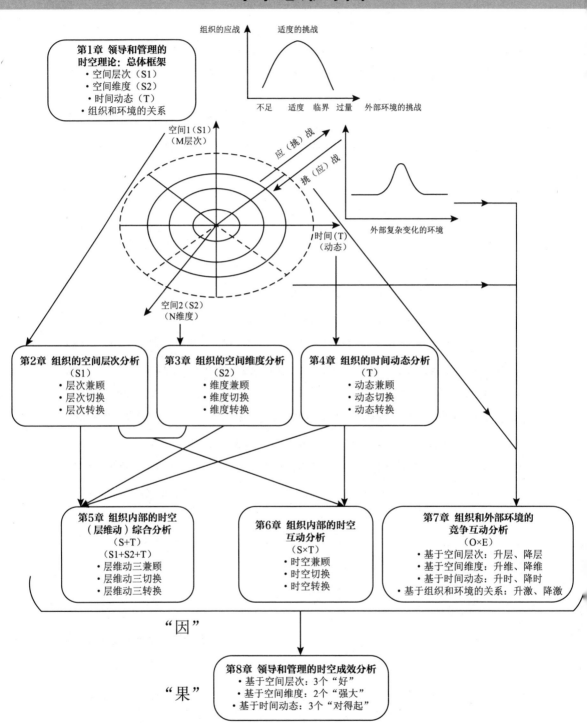

说明：T 为 time（时间）的缩写，S 为 space（空间）的缩写，O 为 organization（组织）的缩写，E 为 environment（环境）的缩写。S1 表示层次空间，S2 表示维度空间，M 表示空间层次的数量，N 表示空间维度的数量，T 表示时间。+ 表示叠加作用，× 表示交互作用。

目 录

第 1 章 领导和管理的时空理论：总体框架 / 1

    1.1 领导和管理的时空理论的概述 / 1

    1.2 领导和管理的时空理论的意义 / 29

第 2 章 组织的空间层次分析 / 38

    2.1 基于空间层次分析的模型 / 38

    2.2 基于空间层次分析的方法 / 47

第 3 章 组织的空间维度分析 / 53

    3.1 基于空间维度分析的模型 / 53

    3.2 基于空间维度分析的方法 / 62

第 4 章 组织的时间动态分析 / 70

    4.1 基于时间动态分析的模型 / 70

    4.2 基于时间动态分析的方法 / 78

第 5 章　组织内部的时空（层维动）综合分析 / 89

5.1　基于层维动综合分析的模型 / 89

5.2　基于层维动综合分析的方法 / 93

第 6 章　组织内部的时空互动分析 / 118

6.1　基于时空互动分析的模型 / 118

6.2　基于时空互动分析的方法 / 123

第 7 章　组织和外部环境的竞争互动分析 / 141

7.1　基于空间层次的竞争互动视角下的模型和方法 / 141

7.2　基于空间维度的竞争互动视角下的模型和方法 / 147

7.3　基于时间动态的竞争互动视角下的模型和方法 / 151

7.4　基于组织和环境关系的竞争互动视角下的模型和方法 / 155

第 8 章　领导和管理的时空成效分析 / 162

8.1　基于空间层次的成效模型和方法 / 164

8.2　基于空间维度的成效模型和方法 / 169

8.3　基于时间动态的成效模型和方法 / 171

第1章　领导和管理的时空理论：总体框架

 领导和管理的时空理论的概述

1.1.1 领导和管理的时空理论的萌芽

当今的组织面临着越来越复杂多变的环境。提高驾驭复杂组织系统的能力是组织取得成功的关键。领导者和管理者在复杂的组织系统中如何行动，在很大程度上取决于他们看待和认识组织的方式。譬如，医生在通过检测仪器了解人的健康状况后，会根据所观察到的症状采取相应的行动。因此，对组织的认识方式是决定领导者和管理者行动的关键。领导者和管理者应该运用有效的管理方法和工具，全面地认识和看待组织，在了解组织系统运作规律的基础上，采取相应的行动。《劝学》指出"君子性非异也，善假于物也"，正是揭示了成功的重要途径之一就是善于利用某些自身之外有效的方法和工具。在关于如何认识和看待组织的问题上，学者们有不同的见解。例如韦伯（Weber）[1]将组织看作是一个非个人化（impersonal）的系统，巴纳德（Barnard）[2]认为组织是一个合作系统，马奇（March）和西蒙（Simon）[3]将组织视为一个信息处理系统，摩根（Morgan）[4]用八种比喻（metaphor）来描述对组织的看法，认为组织像机器、生物、人的大脑、文化、政治系统、心智的牢笼、流体、控制的工具。

上述这些研究都为组织的领导和管理的理论和实践的发展做出了重要的贡献，为人们理解组织提供了理论指导和认识工具。然而，这些理论大多是从不同切入点开展研究的，每一个理论都是针对组织某个方面的认识和分析，缺乏对组织更为动态和系统的全面把握。因此，本书在以往研究的基础上，通过总结和改进，提出了一个关于组织的新比喻，即将组织比喻成包含时间和空间因素的时空系统（time-space system）。基于这个比喻，本书提出了一个整合和统一的理论框架——领导和管理的时空理论，该理论将组织看成一个"时空系统"，提出可以从时间（time）和空间（space）两个视角来认识和分析组织。空间（S）包含组织系统的多层次和多维度，时间（T）包含组织系统的学习和创新。组织的空间因素是随着时间的推移而不断变化的，是具有生命力的。领导和管理的时空理论不仅丰富了组织领导和管理的理论，提出了整合性框架，而且为领导者和管理者认识和分析组织提供了全面而深入的指导，从而使其能够在有限的资源条件下做出更优化的决策，采取更有效的行动，推动组织的全面和可持续健康成长，进而促进整个社会健康和谐的发展和进步。领导和管理的时空理论对推动领导学和管理学的理论和实践的创新发展具有重要的意义。

1.1.2 以往相关研究的评述

本书认为，领导者和管理者要管理和驾驭好一个组织，必须努力提高下面几个参数：组织运作的效能、效率、安全性和可持续性。为了提高这些参数，必须提高领导者和管理者的个人能力，如对组织的认知能力、分析能力、决策能力和行动能力。为了更好地驾驭复杂的组织系统、采取适当的领导和管理方法，领导者和管理者需要学习掌握认识和分析组织及采取行动的相关理论、方法和工具。很多组织理论研究者对如何认识和分析组织进行了探讨，并提出了一些颇为有益的理论和方法。

韦伯[1]的官僚制理论认为组织是一个非个人化的系统，这样的系统是高效的。韦伯将非个人化作为理性化的另一种表述，认为组织的运行不应该被个人意志和感情所支配，而应该服从法律和规则。这种看待组织的视角也与泰勒（Taylor）的科学管理理论[5]相似。由于将组织看作非个人化的系统，因此，科学管理理论倡导用科学管理方法，即强调效率、技术和方法的管理代替基于个人经验和个人风格的管理。巴纳德[2]的行政管理组织理论也与之相类似，强调明确的职权制度、等级森严的组织结构，该理论认为，组织是一个合作系统，其中每个个体之间存在相互作用，用来达到单个个体所不能达到的目标。组织形成的目的是为了达到单个人所不能达到的目标。协作系统是正式组织，包含三个要素：协作的意愿、共同的目标、信息联系。这里，非正式组织也起着重要的作用。马奇和西蒙[3]认为，组织是一个信息处理系统，它从外部环境获得信息，并运用已积累的知识和信息对获得的信息进行处理，然后输出信息给外部环境，并采取相应的行动。特里斯特（Trist）和班福思（Bamforth）[6]、特里斯特[7]提出了社会技术系统理论，该理论认为任何组织都是社会系统和技术系统的综合体。具体的，组织不仅是一个社会系统，包括诸如工作、管理、情感等关系以及价值观、意识形态等各类社会性因素，同时，组织也是一个技术系统，包括诸如各种物质、设备、技术、操作流程和工艺等各类技术性因素。整体上，组织中的社会系统和技术系统只有相互支持、相互补充和相互协调，才能更好地运行。卡斯特（Kast）和罗森茨维格（Rosenzweig）[8]指出，需要从系统的观点来认识和管理企业，这样才能更好地弄清和把握各个系统和有关部门的相互联系网络，才能更好地提高企业的效率，实现总体目标。不少学者运用系统的方法，从不同的角度来认识和分析组织。

斯科特（Scott）[9]在回顾、分析、整合的基础上，将不同学派对组织的研究总结为理性（rational）、自然（natural）和开放（open）系统三类观点。理性的观点认为，组织是为了完成某个特定目标而成立的，强调了组织和其他类型社会群体的差异性，并认为组织具有明确的目标、正规化的特征；

泰勒的科学管理理论[5]、法约尔（Fayol）的行政管理理论[10]、韦伯的官僚制理论[1]及西蒙的行政行为理论[11]都是理性学派的代表性观点。自然的观点强调，作为集体的组织与其他类型社会组织具有相同之处，在一定程度上与理性的观点对立，前者认为复杂的目标、非正式的结构以及功能性分析是组织的特点；梅奥（Mayo）[12]的人际关系学说、巴纳德[2]的合作系统组织理论、塞尔兹尼克（Selznick）[13]的制度理论等都是自然学派的代表性观点。开放系统视角基于控制论和信息理论，强调了不同学科间的关联，认为组织内部各个部分是相互依存的，其不仅是控制的系统，也是松散耦合的、层级的系统；比尔（Beer）[14]的系统设计、加布尔雷思（Galbraith）[15]的权变理论和韦克（Weick）[16]的组织模型都是开放系统视角下代表性学派的观点。由于理性、自然和开放系统三种视角代表了相对对立的范式，斯科特[9]进一步提出了组织研究的分层模型。具体的，斯科特将组织研究分为封闭系统模型和开放系统模型两大阶段，并认为1900—1930年是封闭系统模型阶段的理性模型时期，而1930—1960年是封闭系统模型阶段的自然模型时期，同时，1960—1970年是开放系统模型阶段的理性模型时期，而1970年至斯科特的研究当期（1981年）则是开放系统模型阶段的自然模型时期。这些为梳理组织研究提供了有价值的框架结构。

摩根[4]在分析组织时用了八种比喻：使用机器比喻，即将组织看成一种理性的封闭系统；使用生物比喻，即将组织视为开放系统；使用人的大脑比喻，即将组织视为一种信息处理和学习系统，这一观念与马奇和西蒙[3]的观点较为相似；使用文化比喻，强调组织的习俗、礼仪和习惯；使用政治系统比喻，强调利益相关者的利益和权力；使用心智的牢笼比喻，认为人们长时期在组织工作中容易形成固化的心智模式，久而久之可能形成类封闭系统；使用流体比喻，即认为组织是随着时间和环境的变化而变化的；使用控制的工具比喻，即认为组织是一种用于控制的方式。

安科纳（Ancona）[17]等学者提出了组织分析的三个视角，认为可以从战略设计、政治和文化三个视角来分析组织。其中，战略设计视角认为任何组织都是为了达到某种战略目标而建立的理性系统；政治视角认为组织由拥有不同目标和利益的不同利益相关者构成；文化视角认为组织是一个文化集合体，会体现出一些文化现象、符号、特征和意义。

上述理论大多从某一侧面对如何认识和看待组织进行了讨论，如韦伯[1]探究了组织的理性化角度，巴纳德[2]探究了组织的合作化角度，马奇和西蒙[3]探究了组织的信息处理和知识积累角度等。尽管也有学者从组织的不同层面、从多个角度论述了对组织的认识，如摩根[4]在分析组织时用了八种比喻，安科纳等人[17]分析组织的三种视角，但这些仍未能对组织进行全面、动态、系统的把握。例如，安科纳等[17]提出了战略设计、政治、文化的分析视角，却忽略了组织存在于复杂变化的环境中，没有用变化的观点来看待组织。然而，领导者和管理者能否全面深入地认识组织，是决定他们能否进行有效决策、采取有效行动的关键。因此，本书运用时间和空间的整体系统观（time-space holistic view of leadership and management）来分析和认识组织，旨在促进领导者和管理者站在不同的层次、不同的维度，并从时间发展变化的方面来考虑组织面临的问题和解决方案。

1.1.3 领导和管理的时空理论的基本思想和框架

1.1.3.1 领导和管理的时空理论的基本思想

本书首先将组织比喻成时空系统，认为组织系统包含了不同的空间因素，且这些空间因素是随着时间变化的。基于这个比喻，本书提出领导和管理的时空理论，认为领导者和管理者可以从时空的视角来分析组织，也就是从时间（T）和空间（S）两个方面来分析和设计组织，如图1-1（a）所示。其中，空间（S）上的组织设计主要是让组织能够尽可能地适应当时和可预见未来的环境，而时间（T）方面的组织设计主要是让组织能够随着时间的变化而不断进行自身调整，以适应未来不断变化的环境。只有让时间和空间因素相互有机地配合在一起，才能促进组织实现优秀，乃至卓越。因此，领导者和管理者只有从时间和空间两方面同时进行组织的设计和考量，才有可能带领组织获得更为持久的成功。

命题 1.1：组织是一个包含了不同的空间因素的系统，且这些空间因素随时间而变化。

命题 1.2：组织可以从时间（T）和空间（S）两个视角来认识和分析。

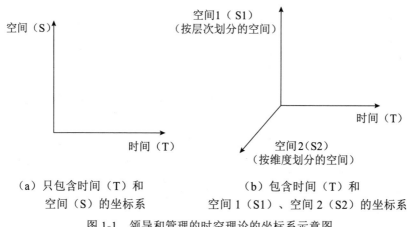

图 1-1 领导和管理的时空理论的坐标系示意图

1.1.3.2 空间视角

空间（S）上的组织系统可以从空间1（S1）和空间2（S2）两个方面来分析，其中空间1（S1）是按层次划分的空间系统，即将空间划分为从微观到宏观的层次；空间2是按维度划分的空间系统，即某个层次包含多维度的内容。譬如：从空间1的层次方面而言，可以将空间划分为个体、群体、组织、地区、国家、全社会等层次；从空间2的维度方面而言，个体层次可以包含知觉、归因、决策、学习、价值观、能力、个性、态度等维度；群体层次可以包含人员构成、人员规模、规则制度、感情氛围、群体工作、群体建设、群体学习和创新等维度；组织层次可以包含组织的结构、流程、制度、组织的利益和权力、信仰和价值观、学习和创新等维度。图1-1（b）是领导和管理的时空理论所包含的空间视角的两个方面（S1、S2）及时间视角（T）的坐标系示意图。

命题 1.3：空间视角包含层次和维度两个方面。

（1）空间视角 1——按层次划分的组织

领导和管理的时空理论认为，从空间 1（S1）的层次方面，可以将组织从微观到宏观划分为多个层次，图 1-2（a）中，代表组织层次的 M 个同心椭圆从内向外分别代表个人、群体、组织、国家、社会等 M 个层次，这一分类也符合大多数学者对于组织的研究分析，如罗宾斯（Robbins）和裘德（Judeg）[18]。组织行为学也常关注个体、群体和组织的行为。通常，组织行为学可分为三个层次，第一层次是个体行为，包括个体的知觉、归因、决策、学习、个性、能力、价值观、态度、情绪、激励、工作与生活的平衡等；第二层次是群体行为，包括群体的类型、结构、规范等；第三层次是组织行为，包括组织结构、组织中的利益、权力与政治行为、组织文化、组织学习、组织创新等方面。尽管本书重点讨论个人、群体、组织三个层次的领导和管理情况，但是，本书认为，从空间系统研究组织应不局限于上述三个层次，按照层次划分，领导和管理还可以进一步上升到国家、社会等更为宏观的层次上，因此，图 1-2（a）中用 M 层表示这些无法完全列举的层次，这体现了空间视角的层次方面本理论的开放性。

《大学》①

物格而后知至；知至而后意诚；意诚而后心正；心正而后身修；身修而后家齐；家齐而后国治；国治而后天下平。

学习和研究事物的道理之后，认识才能明确；认识明确了，意念才能真诚；意念真诚了，心思才能端正；心思端正了，自身品德才能修养好；自身品德修养好了，家族才能整顿好；家族整顿好了，邦国才能治理好；邦国治理好了，天下才能太平。

---

① 陈晓芬，徐儒宗，译注. 论语·大学·中庸（中华经典名著全本全注全译丛书）[M]. 2 版. 北京：中华书局，2015.

命题 1.3.1：基于空间 1（S1）的视角，组织系统在空间上可以划分为多个层次，如个体、群体、组织等。

每个层次内部、不同层次之间的多个主体间是相互作用的。譬如，个体、群体和组织三个层次都包含不同的主体，在每个层次内，不同主体是相互作用的；此外，不同层次的主体之间，譬如，个体、群体和组织所分别包含的主体也会跨层次相互作用，如图 1-2（b）所示。

命题 1.3.2：组织系统的多层次之间是相互作用的。

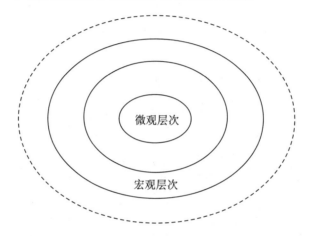

(a) 组织的层次划分模型图

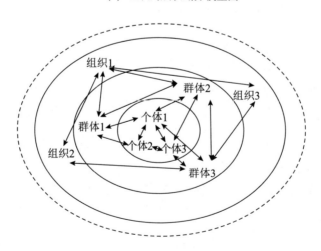

(b) 组织的多层次相互作用示意图

图 1-2　领导和管理的时空理论的 S1 空间示意图

（2）空间视角2——按维度划分的组织

在学习、研究、改进安科纳等[17]研究的基础上，本书进一步从维度方面对领导和管理内容在空间视角下（S2）进行划分，明确了组织系统可能的维度组成。本书提出，组织系统主要由软实力维度（也称为"方法维度"）和硬实力维度（也称为"资源维度"）两个方面构成，其中，软实力维度是指由诸如组织的目标和方法系统、利益和权力系统、信仰和价值观系统等构成的组织制度及问题解决途径的总和；硬实力维度是指由诸如组织人力系统、财力系统、物力系统等构成的组织资源的总和。

首先，软实力维度是指组织在利用资源的基础上解决问题、改善经营状况、实现长短期目标的路径、技术、工具等一切解决方案总和，其子维度的具体内涵如下。

- **组织的目标和方法系统**。从韦伯[1]的"机械式官僚制"理论开始，组织领域的主流观点将组织视为战略设计系统，即任何组织都是为了达到某种战略目标而建立的理性系统[17]。因此，领导者和管理者首先要分析内外环境，确定合理的目标定位、发展路径和成长速度，然后建立相应的组织结构、流程和制度体系。目标定位，发展路径，成长速度，以及组织结构、流程和制度各方面的设计只有相互匹配，而且最终适合于组织的战略和环境，才有可能实现战略目标，使组织获得成功。领导者和管理者是目标和方法系统的设计者，只有具备科学和理性的思维，善于从客观的外部环境和内部条件出发来对组织各方面进行设计，才可能成功领导和管理一个组织。

- **组织的利益和权力系统**。依据政治视角的观点[17]，任何组织都是由不同的利益相关者组成的。对于企业而言，弗里曼（Freeman）[19]指出其利益相关者是"企业能够通过行动、决策、政策、做法或目标而影响的任何个人或群体。反过来，这些个人或群体也能影响企业的行动、决策、政策、做法或目标。"这些利益相关者的利益受到组织结果的影响，他们各自有不同的目标和利益，会动用自己拥有的资源、权力和影响力来达到自身的目标和利益，因此组织冲突就成为必然。一个组织只有设计相应的系统和方法，来平衡不同利益相关者的目标和利益，才有可能获得成功。这里，领导者和管理者需要扮演利益平衡者的角色，了解各利益相关者的利益诉求，采用有效方法来综合考虑和平衡这些利益需求，并合理分配和使用权力，尽量减少组织内部以及组织和外部的不良冲突，使组织保持平衡健康发展。

● **组织的信仰和价值观系统**。依据文化视角[17]的观点，任何组织都是一个文化集合体，体现出一些文化现象、符号、特征和意义。不同的学者对组织文化有不同的定义。彼特斯（Peters）和沃特曼（Waterman）[20]认为组织文化是由一些象征性的方法传达的一些主导的、核心的价值观；霍夫斯特德（Hofstede）[21]认为，组织文化是人们共有的心理程序，他提出了组织文化的四层次模型，认为从外向里，组织文化包括符号系统、英雄人物、利益活动、价值观；孔茨（Kouzes）、卡德威尔（Galdwell）和帕塞（Posner）[22]认为，组织文化是一种通过各种符号性的媒介向人们传播的，给人的工作生活创造意义的、为所有员工所共享的、持久的信念体系；欧奇（Ouchi）[23]认为，组织文化是一组符号、礼仪和虚构的人物，它们能把组织的基本价值观和信念传给所有员工；薛恩（Schein）[24]认为，组织文化是群体在适应外部环境及内部集成过程中，创造、发现或发展形成的基本假设的模式。他提出组织文化的三层次模型，认为从外向内，组织文化包括：人们创造的符号、物品、建筑、礼仪和形象等、公开认同的价值观、潜在的基本假设。总之，组织在各员工共同工作和相互影响过程中，会形成某些趋同的认知和行为，形成独特的文化特征，包括：组织成员所共有的信仰、信念、目标、追求、人生观、价值观、世界观、思维方式、行为习惯、符号体系等。这些文化特征对组织运行和成效具有重要影响。只有建立适合于环境的文化系统，组织才有可能获得成功。因此，领导者和管理者只有深刻认识组织的环境和战略以及组织成员的特征，采用各种有效的措施建立相应的组织文化系统，才有可能成功地领导和管理一个组织。需要说明的是，为了使本书提出的理论模型能够应用于不同的层次，因此在表述本软实力维度的方式上，主要强调了组织的信仰和价值观等因素组成的系统。

其次，硬实力维度包含人力子系统、财力子系统、物力子系统等多个方面，即组织的人力资本、经济资本和物质资本（譬如包含组织所具有的硬件设备、能源和土地等）等。组织的硬实力维度系统是组织发展的基础，组织的目标和方法系统、利益和权力系统、信仰和价值观系统等都建立在硬实力维度系统之上，缺乏了这些硬实力组织将无法发展。沃纳菲尔特（Wernerfelt）[25]提出企业具有不同的有形和无形的资源，这些资源可转变成独特的能力，资源在企业间是难以流动和复制的，这些独特的资源和能力是企业持久竞争优势的源泉。这些观点是本书考虑硬实力维度的重要基础。

最后，上述对软实力维度和硬实力维度及其细分系统的划分不仅拓展了巴尼（Barney）[26]的资源依赖理论对组织内部资源重要性的强调，也在此基础上充分结合了管理研究对组织制度、文化、体系等内容的关注，同时强调了资源本身的重要性。当然，软实力和硬实力两大维度及其6个子系统无法完全包括在空间2视角下对组织内容的全部划分。为实现理论框架的完整性及内容的完备性，从空间视角2的维度观点出发，本书认为组织系统既包括上述六个细分维度，也包括其他可能的软实力和硬实力子维度，共N个维度，这体现了本理论中空间视角的维度方面下的开放性，如图1-3所示。

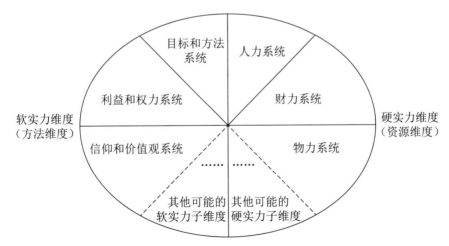

图1-3 领导和管理的时空理论的S2空间示意图

> **《道德经》**①
>
> 居善地,心善渊,与善仁,言善信,正善治,事善能,动善时。
>
> 圣人像水那样:居于卑下之位,思想深邃难识,交往仁慈友爱,言语诚实无欺,为政善于治理,做事无所不能,行为择时而动。

命题 1.3.3:基于空间 2(S2)的视角,组织系统在空间上可划分为软实力维度和硬实力维度,其中,软实力维度包括目标和方法系统、利益和权力系统、信仰和价值观系统等子维度,硬实力维度包括人力系统、财力系统和物力系统等子维度。

基于空间视角 2 划分的组织系统的软实力维度和硬实力维度的内部各个子系统间也是相互影响和作用的。具体的,组织内软实力维度的目标和方法系统、利益和权力系统、信仰和价值观系统等子维度之间是相互影响的;组织内硬实力维度的人、财、物等资源之间也是相互影响的。进一步,软实力维度和硬实力维度之间是相互依存、相互作用的。一方面,高效的目标和方法、平衡的利益和权力以及先进的信仰和价值观等软实力维度子系统需要通过组织内实际存在的人力、财力、物力来实施,并会进一步对人、财、物等内部硬实力发挥提升和优化作用,以实现硬实力总量的增加和质量的改善。另一方面,组织自成立到日后的成长发展过程在很大程度上可以看作是组织充分利用、调动其现有的硬实力来对目标和方法、利益和权力和信仰和价值观等方法体系进行不断建设和完善的过程,这其中,人、财、物等硬实力是这些软实力体系赖以产生、存在和发展的载体。整体上,软实力维度与硬实力维度相互依存、相互作用,相互补充,实现共同发展。值得指出的是,组织系统的软实力维度和硬实力维度之间更要进一步实现相互配合及平衡发展的良性互动状态。例如,若缺乏先进、健康、和谐的经营理念做指导,硬实力强大的组织反而易陷入粗放式经营的不良成长路

---

① 张景,张松辉,译注.道德经(中华经典名著全本全注全译丛书)[M].北京:中华书局,2021.

径中来，这种不良经营状况虽有可能在短时期内为组织带来巨额利润，但会在更长的时间范围内破坏资源、环境，从而使组织无法实现可持续发展。

同时，不同层次内的各个维度之间也是相互作用的，如组织的目标和方法系统与群体的目标和方法系统、个体的目标和方法系统间也是相互影响的，如图1-4所示。本书在以下论述中，主要从组织层次出发来论述所包含的维度，由于理论的开放性，这一模型同样适用于个体和群体层次，同样也可以拓展到更高更宏观的层次。

命题1.3.4：组织的软实力维度和硬实力维度是相互依存、相互作用的；组织的软实力维度和硬实力维度内部的各细分系统之间也是相互依存、相互作用的。

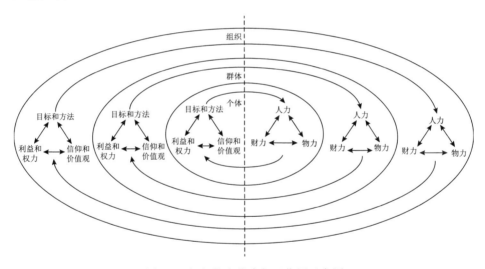

图1-4 组织的多维度相互作用示意图

说明：图中的竖直虚线将组织系统划分为软实力维度和硬实力维度，虚线左侧代表包含目标和方法系统、利益和权力系统、信仰和价值观系统等的软实力维度，虚线右侧代表包含人力系统、财力系统和物力系统等的硬实力维度。

基于模型的开放性，图1-5将图1-4中在个体、群体和组织三层次情境下所讨论的软实力维度和硬实力维度及其6个子系统的特殊情况推广至在空间1视角下包含M个层次、在空间2视角下包含N个维度的一般性情况，并突出空间视角1（多层次）和空间视角2（多维度）之间是相互作用的。

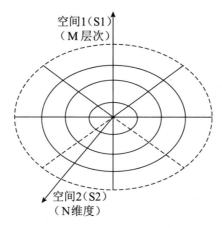

图 1-5　M 层 N 维组织系统示意图

1.1.3.3　时间视角

时间（T）主要指的是组织学习和创新，一方面，多层次主体需要通过组织学习传承先进的管理方式，以保持组织存在的合法性（legitimacy）和对变化环境的不断适应性；另一方面，多层次主体需要通过改进现存的知识和行为以实现创新，进而应对环境的不断变化。

命题 1.4：从时间视角进行领导和管理包含学习和创新两个方面，即传承和变革。

以往关于组织的视角主要考虑的是让组织适应现在的和可预见未来的环境。但环境是变化的，领导者和管理者必须考虑组织如何能适应今后不断变化的环境，并将这种适应变化的能力包含在组织的设计中。因此，领导者和管理者只有从时间的视角出发，将学习和创新系统包含在组织整体系统中，才能应对变化，使组织保持可持续生存和健康发展。

从时间的视角来分析组织，一方面要考虑学习。如圣吉（Senge）[27]提出了学习型组织的概念，认为建立学习型组织需要进行五项修炼，即自我超越、改善心智模式、建立共同愿景、团队学习和系统思考。组织应该通过科学合理的学习方式和严谨灵活的学习方法将组织内外好的经营和管理方式等传承下来。

> **《论语》**①
>
> 吾十有五而志于学,三十而立,四十而不惑,五十而知天命,六十而耳顺,七十而从心所欲,不逾矩。
>
> 我十五岁有志于学习,三十岁能立身于世,四十岁对世事不再有疑惑,五十岁懂得什么是天命,六十岁对听到的一切都深明其义,七十岁可随心所欲,却不会违反规矩。

另一方面,时间视角也需要考虑创新。德鲁克(Drucker)[28]认为创新是建立一种新的生产函数,把一种从来没有过的要素和生产条件的新"组合"引入生产体系,它包括以下五个方面:引进新产品、引进新技术和新的生产方式、开拓新市场、控制新的原材料供应源和实现新的企业组织体制。基于此,他将创新活动归纳为三类:技术创新、市场创新、管理与组织创新。组织需要动态变化,因此需要创新,通过变革应对环境变化,保持组织的生存和可持续发展。

> **《大学》**①
>
> 《诗》曰:"周虽旧邦,其命惟新。"
>
> 《诗经·大雅·文王》篇说:"周朝虽然是一个古老的诸侯国,但是它所秉承的天命却在于不断地自我更新。"

---

① 陈晓芬,徐儒宗,译注.论语·大学·中庸(中华经典名著全本全注全译丛书)[M]. 2版. 北京:中华书局,2015.

1.1.3.4 领导和管理的时空理论的进一步分析

（1）对时间和空间的全局掌控

需要指出的是，领导和管理的时空理论是把时间和空间联系起来的系统、动态的模型。只有将时间和空间结合起来，才能使得领导者和管理者同时运用时间和空间的视角，从不同层次和维度的方面来看待组织的过去、现在和未来。同时，从学习和创新的角度，能够考虑到在不同时间段上不同层次和维度的组织管理方法。此外，领导者和管理者还能够同时在不同时间和空间视角上切换，从而做出有效的决策和行动，使个体、群体和组织建立竞争优势，保持可持续、健康、和谐的发展。加入了时间视角的组织系统如图 1-6 所示。

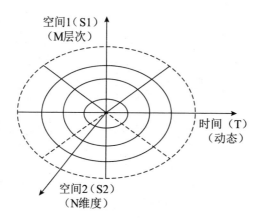

图 1-6　领导和管理的时空理论框架下的组织系统示意图

命题 1.5：领导者和管理者在认识和分析组织时，应该同时考虑时间和空间两种视角。

（2）对外部环境"挑战"的"应战"

领导者和管理者在对组织的时间和空间维度的各个方面进行全局掌控的基础上，要时刻关注外部政治、经济、市场、技术和社会环境的变化，要在适当选择适宜自身发展状况和阶段的环境的同时，识别、分析外部环境所带来的刺激或"挑战",并在充分认清自身优势劣势,依据自身实际情况的前提下与外部环境积极互动,主动"应战"。汤因比(Tonybee)[29]在对文明起源、成长、衰落和解体的历史研究中认为文明的起源是人类对环境(自然环境和人类自身环境)的"挑战"进行"应战"所产生的。继而,文明的成长来源于"适度的挑战"和"适度的应战"之间的连续循环,并表现为可显的外部成就和人类内在的发展。在这个过程中,少数人持续的创造性活动和人类自省起着重要的作用。进一步,文明的衰落来自于少数创造者丧失了创造能力,道德出现问题,角色发生转换,多数人相应地撤回了他们的追随与模仿,整个社会失去了自决能力和新的应战能力。继而,文明的解体最终源于少数人创造力的消失和灵魂的堕落,即社会中的个体行为、情感和生活方面出现危机。整体上,汤因比对人类历史文明的研究启发了笔者的深入研究。与其对人类文明和环境的互动模式的研究结论相一致,本书认为正是出于对外部环境的"挑战"的富有创造性的成功的"应战",以及组织领导者和管理者的创造冲动,组织才得以产生和壮大,而随着创造力的消失以及行为、情感、认知等方面的衰落,组织最终会走向衰退。

《孟子》①

故天将降大任于是人也,必先苦其心志,劳其筋骨,饿其体肤,空乏其身,行拂乱其所为,所以动心忍性,曾益其所不能。

所以说天要把重任降临给某个人的话,一定会先磨砺他的心志,劳累他的筋骨,饥饿他的身体,穷困他的生活,他的每一个行为都被扰乱,这样来触动他的内心、坚忍他的性格,增加他过去所没有的能力。

同时,汤因比[29]强调,文明的降生需要强有力的刺激,但挑战却不能

---

① 方勇,译注. 孟子(中华经典名著全本全注全译丛书)[M]. 2版. 北京:中华书局,2015.

过于严厉，超出应战者所能应付的地步，因为这样会突破创造力发挥的极限，从而扼制了人们的创造能力，导致文明的起源付之东流。汤因比[29]将环境的刺激程度分为不足、适度、临界和过量四个等级，并认为文明的成长来源于"适度的挑战"和"适度的应战"之间的连续循环，有效的刺激应该位于刺激不足和刺激过量之间的某一点上，挑战和应战之间的交互作用关系呈现出某种规律。受此启发，笔者认为组织的建立、发展来源于外部复杂变化环境"适度的挑战"及组织对其"适度的应战"之间的互动循环，而在复杂程度和变化程度不同的外部环境中，介于不足和过量之间的"适度的挑战"会为组织的建立和发展提供有效的外部刺激。一方面，"不足"的环境刺激无法有效地促进领导者和管理者带领其组织进行创造性应战；另一方面，"过量"的环境刺激会对组织产生过于严厉的要求，超出领导者和管理者创造力所能发挥作用的边界，最终导致组织的衰退。因此，和汤因比对全球文明起源发展的探究结论相一致，本书认为在某一临界点之前"适度"程度的复杂变化环境的外部刺激会促使领导者和管理者带领组织进行创造性活动，这种"适度的应战"行为会为组织的发展、壮大提供机会。相应的，领导者和管理者也应有意识地带领组织寻找、利用具有"适度的挑战"的外部环境，以实现自身的良性发展。根据汤因比的思想，本书绘制了不同程度的组织外部环境挑战和组织应战之间的互动效果，如图1-7所示。

> **《中庸》**①
>
> **致中和，天地位焉，万物育焉。**
>
> 能够达到"中和"的境界，那么天地就可以各就其位而运行不息，万物便能够各随其性而生长发育了。

---

① 陈晓芬，徐儒宗，译注.论语·大学·中庸（中华经典名著全本全注全译丛书）[M]. 2版.北京：中华书局，2015.

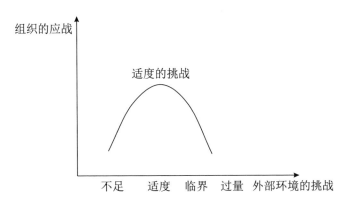

图 1-7　外部环境的"挑战"和组织的"应战"关系示意图

汤因比[29]所谓的"应战"是人类文明对环境"挑战"的一种应对行为，其更多地体现了人类文明主体对外部刺激的被动反应。在此基础上，笔者提出，在被动应对外部环境的变化性和复杂性的同时，其实组织也可以发挥主观能动性，采取相关的行动影响外部环境，这样意味着组织主动地对组织外部环境的某些因素进行刺激或"挑战"，譬如通过采取适当程度及符合自身实际状况的战略计划、竞争策略等主动进入市场，影响竞争对手，甚至制定行业规则，这些都有助于组织取得持续的竞争优势。波特（Porter）[30]曾提出了组织可采取差别化战略、低成本战略及客户聚焦战略；同时，陈明哲[31-33]的动态竞争战略也详尽地描绘了组织主动的竞争性行动及竞争对手的响应来回互动的过程。

整体上，组织不仅要对外部环境中的"挑战"进行积极"应战"，也要主动地在适宜的时间和环境下对外部环境发起"适度的挑战"，以获得可持续的发展动力。因此，组织与环境的关系并非单纯的合作（cooperation）或竞争（competition），也非简单的竞合（co-opetition），而是在相互依赖、相互影响和作用下共同进化的关系（co-evolution）。

因此，面对复杂变化的外部环境，组织的领导者和管理者要在具备多层次多维度的动态管理能力的同时，积极识别环境中的波动和变化，应对和发起挑战，在同环境的互动过程中成长。图1-8表示了多层次、多维度、动态的组织系统与外部环境的互动情况。

命题 1.6：领导者和管理者要对组织系统进行科学的多层次、多维度和动态的设计、影响和优化，并在把握时间和空间视角全局的基础上学会对环境进行适当的选择，使组织在和环境变化刺激的互动过程中，能够有效应对这些变化、刺激和挑战，并通过其本身的学习和创新系统的运作，促进组织系统本身得到进化和发展。组织不仅要对环境中"适度的挑战"进行"应战"，也要对环境发起"适度的挑战"，以实现可持续发展。组织和环境是在互动过程中共同进化的。

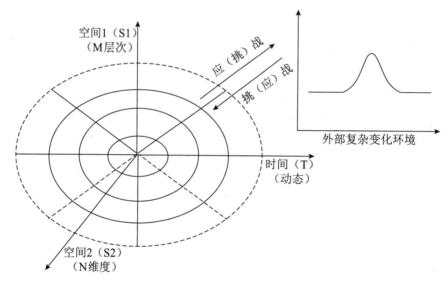

图 1-8　组织系统与外部环境互动示意图

（3）对有限理性的充分认识

尽管领导者和管理者要对时间和空间进行全局考虑，且对外部环境中的"挑战"做出"应战"，但是，应该认识到领导者和管理者无法全面考虑到所有因素。西蒙[11]提出的有限理性观点认为，人的理性是在完全理性和非理性之间的一种有限理性，这是因为人的知识、时间和精力是有限的，其价值取向和多元目标并非始终如一，而是经常相互抵触，而现实决策环境则是不确定和极其复杂的。卡尼曼（Kahneman）[34]认为，个人的注意力容量是有限的，个人只能以有限的认知资源处理信息。需要处理的信息越复杂，需要越多的认知资源，当认知资源被用完的时候，即使出现另一个刺激，也无法处理。根据这些理论，由于主体的理性和注意力都是有限的，在某一时间段可能无法全面考虑问题，因此主体需要区分主要矛盾和次要矛盾，找出重点问题，考虑关键性因素。譬如，当组织处于初创阶段时，一个很重要的问题可能就是建立合适的组织层次的目标和方法系统。

命题 1.7：领导者和管理者在运用时空模型认识和分析组织时，应该抓住重点和关键性因素。

1.1.3.5 领导和管理的时空理论的总体框架模型

通过上述的详细阐述，我们形成如下的领导和管理的时空理论的总体框架模型，如图1-9所示。

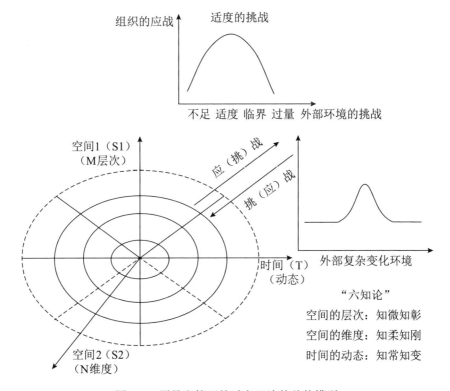

图1-9 领导和管理的时空理论的总体模型

总体来说，这张图的左边是组织，右边是组织所处的环境，两个箭头代表组织和环境之间的关系，也就是挑战和应战的关系。最上面的图中，横坐标是环境对组织的挑战（也就是组织和环境关系的不同程度）；纵坐标是组织应战的效果，用倒 U 形曲线表达组织和环境之间关系的不同程度如何影响组织最终的成效。也就是说，这张图是由组织、组织所处的环境、组织和环境的关系，以及组织和环境之间的不同关系带来的结果组成的。

这张图的右下角是"六知论"，这是时空理论的另一种表达方式。其中，"知微知彰"对应空间的层次，"知柔知刚"对应空间的维度，"知常知变"对应时间的动态。这将在后文中详细阐述。

1.1.3.6　领导和管理的时空理论的简化模型和组织分析的四维度理论

（1）领导和管理的时空理论的简化模型

本书将组织比喻为时空系统，提出领导和管理的时空理论，开创性地将时间和空间联系起来，提倡领导者和管理者要以全面、系统、动态的视角认识和分析组织管理及日常经营活动。其中，空间 1（S1）强调了多层次视角及其间的相互作用，空间 2（S2）强调了组织软实力维度和硬实力维度之间的相互依存和相互影响，时间（T）强调了学习和创新对传承管理经验和应对环境变化的重要意义。在前面完整的领导和管理的时空理论框架的基础上，本书提出了领导和管理的时空理论的简化模型。在时空整体框架下的几个简化模型示意图如图 1-10 所示。

（2）组织分析的四维度理论

基于领导和管理时空理论的整体框架，从组织行为的视角出发，空间 2 视角中的软实力维度是有助于领导者和管理者认识、分析组织的理论、方法和工具的总和，领导者和管理者只有同时从目标和方法系统、利益和权力系统、信仰和价值观系统这三个系统对组织进行设计和考量，才有可能促进组织获得持久的成功。具体的，分析组织目标和方法系统需要领导者和管理者对组织的目标定位、发展路径、成长速度以及组织结构、流程和制度等方面进行理性设计，其不仅要清晰地把握宏观趋势与市场动态，还

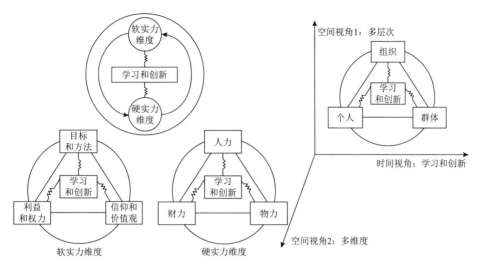

图 1-10 领导和管理的时空理论的简化模型示意图

要对组织的细分市场和长短期战略进行准确定位,这其中,领导者和管理者要扮演"科学家"的角色;分析组织利益和权力系统需要领导者和管理者对组织内外部各方利益相关者的利益进行平衡,其不仅要实现各方利益相关者短期利益的平衡,更要在长期上维系各方的平衡和和谐,以实现组织健康和谐可持续发展,这其中,领导者和管理者要扮演"政治家"的角色;分析组织信仰和价值观系统需要领导者和管理者建立合适的组织信仰、愿景、使命、价值观、思维方式和行为方式等,并以适当的方式传递给员工。组织信仰和价值观维度的建立不仅要结合组织环境与战略,还要充分考虑组织成员的特征,以最终实现组织的有效领导和管理,这其中,领导者和管理者要扮演"教育家"的角色。

进一步的,考虑上述三个系统会有助于组织在一定时间阶段内实现目标,并能够做到适应现在和可预见未来的环境。由于环境是变化的,为了促进组织适应不断发展的环境,并将这种适应变化的能力包含在组织设计中,领导者和管理者必须将学习和创新系统,即时间视角(T)包含在组织整体系统中,这其中,领导者和管理者要扮演"学习和创新家"(简称"学创家")的角色。同时,学习和创新系统在这个过程中会发挥调节作用(图1-10和图 1-11 中用弹簧图案表示),会促进组织目标和方法系统、利益和权力系统、信仰和价值观系统三者保持一致和平衡,也会促进这三个组织内部的系统与外部环境保持一致。

总之,领导者和管理者需要同时开展好以下几个方面的工作。领导者和管理者只有特别理性,善于从客观环境的角度进行组织的结构、流程、制度等方面的设计,全面把握组织的目标定位、发展路径和成长速度,才有可能成功地领导和管理一个组织。领导者和管理者只有能对人们的利益特别敏感,善于从人们利益要求的角度进行组织有关方面的设计,才有可能成功地领导和管理一个组织。领导者和管理者只有能对人们的观念和行为等文化因素认识透彻,善于从这些方面进行组织设计,才有可能成功地领导和管理一个组织。任何组织都会处在不断变化的内外环境中,不断受到环境的选择。一个组织只有不断学习和创新,才能应对环境的变化,保持生存和可持续发展。

由此,本书提出组织分析和设计的四维度理论模型,即领导者和管理者在对组织的目标和方法系统、利益和权力系统、信仰和价值观系统以及学习和创新系统进行分析和设计时,要充分扮演好"科学家""政治家""教育家"和"学创家"的复合角色。图1-11表示了组织分析和设计的四维度理论框架及领导者和管理者的角色。

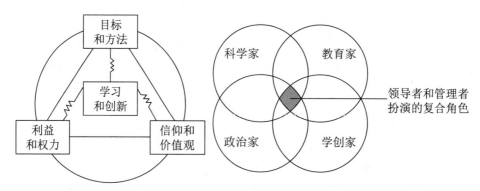

(a)组织分析和设计的四维度理论框架　(b)领导者和管理者扮演的复合角色

图1-11　组织分析和设计的四维度理论模型

说明:(a)中"学习和创新"以弹簧形式和"目标和方法""利益和权力"以及"信仰和价值观"相连接,表示"学习和创新"对这三个系统的调节作用。

1.1.4 领导和管理的时空理论的方法

1.1.4.1 领导者和管理者要建立时空整体观

在复杂变化的环境下,领导者和管理者唯有建立整体的时空观,才能保持组织的可持续健康发展。整体的时空观的关键在于从时间和空间的角度对组织进行系统的认识。正如"不谋万世者,不足谋一时;不谋全局者,不足谋一域"(出自《寤言二·迁都建藩议》)所揭示的,领导者和管理者必须从多层次、多维度、学习和创新的时空视角来系统地认识组织,全面推进组织学习,分析个体、群体、组织等多个层次,了解组织硬实力维度、软实力维度及其各个子系统。同时,将时间视角和空间视角相结合,从更广的时间段、更高的层次、更宽的维度认识组织,在这些视角中灵活转换。此外,应该根据企业的规模、性质、所处的时间阶段,抓住认识分析组织的重点视角,解决关键性问题。领导者和管理者只有做到将系统认识组织和抓住重点视角相结合,才能更好地建立起时空整体观,促进组织良好生存和健康可持续发展。

1.1.4.2 基于空间视角的领导和管理方法

(1)基于空间视角层次方面的领导和管理方法

从空间视角层次方面而言,领导者和管理者要实现成为"三好学生"的目标,应该从个体、群体和组织三方面进行管理,即管理好自己、管理好团队、管理好组织,正如"修身齐家治国平天下"(出自《礼记·大学》)所强调的。

第一,领导者要管理好自己。领导者和管理者要学会正视自己,理清自己内心深处的真实愿望、合理地确立自己的目标和定位,做好自己;了解自身的价值观、态度、兴趣、偏好、性格、能力等方面的特点,找到合适和能发挥自己长处的工作,做好职业规划;培养自己的敬业精神,在工作中充分发挥自身的潜力,热情而有创造性地工作,为组织效力;还要善于个人风险管理;不断学习和成长、超越自我、提升自我。总之,管理好自己就是要努力地让自己成为一个既对组织和社会很有价值，同时又能够实现自身追求和目标的人。

第二，领导者和管理者要管理好团队。领导者和管理者应该组建和经营好自己的人生团队；学会宽容和换位思考；理解他人的愿望、需求和目标，采取有效的措施去激励；要善于认清他人的价值观、态度、兴趣、偏好、性格、能力、为人处世和思考问题的方式，努力给每个成员安排合适的和能发挥他们长处的职位；要善于在团队内部建立有效的信息沟通、分工协作、解决矛盾冲突的机制；要学会建立一种共创共享的利益机制和伙伴文化；要促进团队成员之间进行信息、知识和经验之间的相互分享，要善于整合所有人的智慧来解决复杂问题。总之，领导和管理好团队就是要为自己建立一个有利于个人和组织发展的良好人际关系氛围，建立一个具有团队合作精神和凝聚力的团队，为实现整个组织目标服务。

第三，领导者和管理者要管理好组织。领导者和管理者必须深入认识到组织系统的本质，适当时候要组建好组织队伍；要具有"见树又见林"的看清复杂系统的能力；要掌握必要的组织设计和分析的理论、方法和工具，从而正确地建构合理的组织结构、运作流程和制度体系，建立良好的内外利益关系，打造适合自身和环境的组织文化和价值观，建立不断学习和创新的机制；要能使组织沿着正确的方向高效率地运行，组织既能达成现有的目标、保持内外部和谐和相对稳定性，又能不断发展和成长。总之，要使整个组织系统保持持久健康发展和可持续发展优势。

（2）基于空间视角维度方面的领导和管理方法

从空间视角维度方面而言，首先，组织是软实力系统。

第一，组织是目标和方法系统。因此在进行组织设计时，领导者和管理者首先要根据组织所处的客观环境确定合理的目标定位、发展路径和成长速度，然后建立与之相匹配的各项组织支持系统（譬如人财物资源系统、组织结构流程制度系统等）。组织目标、发展路径和成长速度只有与各项组织支持系统相互匹配，而且最终适合于组织的环境，才可能使组织实现战略目标。在领导和管理过程中，领导者和管理者必须具有科学和理性的思维，善于从客观环境的角度进行组织的目标、路径、速度和各项支持系统等方面的考量，才有可能成功领导和管理一个组织。由于组织的目标一般而言都是有益的，因此领导者和管理者应该重点强调组织发展的方法，即发展路径和成长速度。有些组织发展太慢，可能无法获得发展机会；有些组织发展太快，又可能导致资金链的断裂。因此，组织应该根据自身的情况选择合适的发展路径和速度，并与组织发展的目标、组织的其他发展情况相匹配。

第二，组织是利益和权力系统。因此在进行组织设计时，领导者和管理者首先必须认识到利益相关者及其利益需求和权力资源，然后设计相应的系统和方法，来平衡不同利益相关者的目标和利益，才有可能成功领导和管理组织实现目标。领导者和管理者只有对人们的利益特别敏感，善于从人们利益要求的角度进行组织有关方面的考量，才有可能成功地领导和管理一个组织。

第三，组织也是信仰和价值观系统。因此在进行组织设计时，领导者和管理者需要考虑人们长期以来形成的某种信仰、理念、价值观、世界观、思维方式、行为方式、习俗礼仪和符号特征等，才有可能使组织达到目标。在领导和管理的过程中，领导者和管理者只有深刻认识到人们的观念和行为等文化因素，善于进行组织文化有关方面的考量，才有可能成功领导和管理一个组织。此外，领导者和管理者还需要善于根据内外环境和自己的偏好来选择组织的信仰、价值观等，并传递给员工。

然后，组织是硬实力系统。因此领导者和管理者应该带领组织获得相应的人、财、物等资源来建立核心竞争优势。另外，由于组织的管理和发展依赖于地域的资源，不同地区的资源情况存在不同，因此地缘管理显得尤为重要，时空理论也考虑了这一现象。

1.1.4.3 基于时间视角的领导和管理方法

由于组织是学习和创新的系统，领导者和管理者只有从学习和创新的角度对组织进行考量，才能考虑到组织在不同时间段的变化，才有可能成功地领导和管理一个组织。其中，学习包括从他人的经验中学习（外部学习)、从自身的经验中学习(内部学习)以及将两者的经验整合起来学习(内外整合式学习),组织要实现这三种学习的平衡。为了达成有效的学习目标,领导者和管理者必须带领组织做到三点:首先,找到外部标杆,进行高层次的学习。譬如,成立于1987年的华为公司,从零开始,能迅速建立一支良好的人才队伍,一整套科学有效的经营管理体系,成为世界级企业,很重要的原因之一就是它敢于向各先进公司和组织去学习。华为通过学习其成功的经验和失败的教训,在最初采用了"削足适履""先僵化、后优化、再固化"的方式,重构其管理体系;当对这些经验全面理解和消化后,再结合自身的实践,进行调整变革。通过找到外部标杆来学习,华为获得了迅速的发展。其次,总结内部经验,进行深层次的反思。华旗公司的领导者和管理者要求自我反思和总结,并记录下来,连同自己的照片一起贴在"反省窗"内,供其他人借鉴;万通公司每年都有一天为"反省日",对过去的工作进行总结反思等。最后,整合内外两种学习,形成自身的特色。需要指出的是,组织的学习应该同时考虑不同的时间段,即组织从过去的经验、当前的现状和未来可能的情景中学习。

根据创新的过程是量变还是质变,迪尤尔(Dewar)和达顿(Dutton)[35]将创新分为渐进型创新(incremental innovation)和根本型创新(radical innovation)。渐进型创新是指通过不断的、渐进的、连续的小创新,最后实现管理创新的目的;而根本型创新是一种快速的、疾风暴雨式的创新,其特点是对现有系统进行力度较大的冲击,创新程度很大,但过程不是很长,一般都是在一个较短的时间内完成。领导者和管理者应该全面分析推动组织创新的内部动力和外部动力,了解变革的阻力因素,通过增加动力、减少阻力促进创新与变革。譬如列温(Lewin)[36]提出的力场分析法认为,应该把支持变革和反对变革的所有因素排序,分析比较其相对强弱,然后采取措施,增强支持因素,减弱反对因素,使动力大于阻力,促进创新和变革的顺利完成。

领导和管理的时空理论的意义

1.2.1 领导和管理的时空理论的理论意义

1.2.1.1 提出认识组织的新视角：时空系统

本书提出了一个关于组织新的比喻，将组织比喻成时空系统，包含时间和空间因素。基于这个比喻，本书提出了领导和管理的时空理论。

将时间和空间结合起来，使领导者和管理者能够同时运用时间和空间的视角，以及不同层次和维度的方面来看待组织的过去、现在和未来，即同时从学习和创新的方面来考虑不同层次和维度的组织管理方法，并能够同时在不同时间和空间视角上切换，从而做出有效的决策和行动，使个体、群体和组织建立竞争优势，保持可持续健康和谐的发展。以前的学者很少从时间和空间的整体系统观来分析组织。希望本理论对领导和管理理论的发展起到一定的推动作用。该理论使领导者和管理者能站在更多的层次、更多的维度、更长的时间来考虑当前的问题。

1.2.1.2 通过提高人的时空智慧，将有限理性框架内的"满意解"优化为"更满意解"，降低决策偏差，提升决策质量

西蒙有限理性的观点认为，人们的知识、时间和精力是有限的，但所面临的环境却充满了不确定性与复杂性，因此，决策通常得到的实际上是"满意解"（satisfactory solution），而非最优解[11]。同时，卡尼曼和特维斯基的启发式偏差模型指出，决策过程常带有易得性（availability heuristic）、代表性（representative heuristic）和锚定效应（anchoring effect）的特征[37-38]，其所得到的结果也往往带有一定的偏差，损失了一定的准确性。

以领导和管理的时空理论为分析框架，笔者认为不同的领导者和管理

者具有不同的时空情商（time-space emotional quotient）和时空智商（time-space intelligence quotient）水平。

其中，时空情商是指领导者和管理者关注时间、空间的意愿和情感等的大小程度。高时间情商者往往对了解和认识曾经和即将发生的事情及变化情况表现出更多的意愿和情怀，其更加关注组织的可持续发展；低时间情商者往往没有更多的意愿，不愿意付出更多的时间精力探究过去的经历和未来可能发生的事情，其做法往往强调短期收益，甚至是急功近利的。高空间情商者往往对了解和认识组织系统的不同层次、不同维度抱有更多的意愿，低空间情商者往往仅强调组织系统某个层次、某个维度的发展和改善。

时空智商是指领导者和管理者关注时间、空间的水平和能力。相对而言，高时间智商者往往能看到过去、现在、未来的时间长度更长；低时间智商者往往能看到过去、现在、未来的时间长度更短。相对而言，高空间智商者往往能考虑的范围更广，涉及的空间层次和维度更多；低空间智商者往往考虑的范围更小，涉及的空间层次和维度更少。

时空情商和时空智商共同构成了领导者和管理者的时空智慧（time-space wisdom），即其对时间、空间范围大小的了解、认识及采取正确行动的智慧。

本书提出的领导和管理的时空理论在倡导以系统、全面、动态的视角认识组织的同时也为管理和分析组织提供了完善的框架，能够显著提升领导者和管理者的时空智慧。在承认有限理性的基础上，强调通过多层次、多维度、多时间的认识思路和分析工具尽可能地提升决策依据的准确性和丰富性，在完整的历史数据中探究发展规律，在准确的环境把控下认清现实，并在科学的分析指导下前瞻未来，以优化寻求"满意解"的过程，获得"更满意解"（more satisfactory solution），并减少决策偏差，提升决策质量。从决策的角度，领导和管理的时空理论也可以和当今的大数据、人工智能等基于数据、信息技术推动社会发展的前沿理论相结合，通过科学、先进的认识方式来逐步提升组织的智能。

1.2.1.3 建立适用于不同文化背景的组织管理理论

建立源自中国的领导和管理的时空理论可以适用于全球范围,其不仅可以应用于分析个体、群体、组织,还可以拓展到不同地区和国家,其分析思路和框架甚至可以推广至整体人类社会。该理论的提出不仅有助于推动领导和管理领域的知识创新,更有助于学术界和实践者以此为基础,培养出既能够获取利润(profit),又能够关心人(people)和自然环境(planet)三重底线(triple bottom line)[39]的3P型(profit-people-planet)领导和管理人才。需要说明的是,领导和管理的时空理论是一个开放的理论,其开放性不仅体现为适用于多层次,也同时体现为该理论可应用在不同的软实力维度和硬实力维度中,从而使得领导者和管理者更全面系统地认知到主体层次,促进主体健康和谐可持续发展。

1.2.2 领导和管理的时空理论的实践意义

1.2.2.1 提出领导者和管理者的可操作性方法步骤

本书提出了领导和管理的时空模型,并强调领导者和管理者能力的建立。基于时空理论,领导者和管理者的能力是指,领导者和管理者通过时间和空间两个视角,多层次、多维度和动态地对组织系统进行认识、分析、设计、决策和采取行动,使组织取得良好的表现并保持可持续生存和健康和谐发展的能力。本书在此基础上提出了具体的方法和步骤。譬如,在学习和创新方面,提出组织学习的三种方法:找到外部标杆,进行高层次的学习;总结内部经验,进行深层次的反思;整合内外两种学习,形成自身的特色;在多层次方面,领导者和管理者能够从微观到宏观,在不同的层次来看待组织,通过囊括个体、群体、组织的相关理论,强调领导者和管理者在不同层次或不同高度视野上来回切换;在多维度方面,不同的维度可以包含"软实力维度"——目标和方法、利益和权力、信仰和价值观等,以及"硬实力维度"——人力、财力和物力等,这种维度的划分将管理的软实力方面和硬实力方面结合起来,使得领导者和管理者可以在某个层次上,可以从不同的管理软实力维度和硬实力维度来同时考虑个体、群体和组织等层次系统的问题。

1.2.2.2 建立领导和管理的时空指南

基于上述的方法步骤,本书进一步建立领导和管理的时空指南(time-space guide of leadership and management),通过询问一系列问题来检验组织领导和管理状况。首先,确定分析的时间段,即在分析组织时,要有一个能包含过去、现在、未来的时间段。其次,确定分析的空间范围,第一,分析的主体存在于哪一个层次以及找出相邻的层次,并画出该主体与其他相邻层次之间的相互影响关系;第二,分析主体的不同维度,探讨它们之间的相互影响关系。再次,将时间和空间同时联系起来,分析所关注的主体在不同的时间段内,不同维度的状况及相互之间的影响关系、匹配程度,以及该层次主体(包括不同维度)和其相邻主体(包括不同维度)之间的相互影响,以及是否匹配,并分析不同时期,其学习和创新的行为,最终为该主体解决当前的问题,并为面向未来的发展提出具体的方法和措施。接下来,基于有限理性的思想和注意力理论,主体可能无法全面考虑问题,因此需要区分主要矛盾和次要矛盾,找出重点问题。最后,组织要不断积累知识库,将之前的实践经验形成一个知识库,以更好地形成时空理论的方法模型,通过对外部知识的积累形成外部知识库,从而更有利于自身的发展。

1.2.2.3 以中国传统文化为基础,提出领导和管理的时空理论的实现路径和目标

领导和管理的时空理论及其思想、方法内涵和"知微知彰,知柔知刚"[①](出自《周易·系辞》)这一传统智慧有共通之处。空间视角1对组织系统层次的划分强调了领导者和管理者要全面地对小到微观个体,大至国家和全社会的宏观环境进行充分关注,这体现了"知微知彰"(knowing both

---

① 郭彧,译注. 周易:中华经典藏书 [M]. 北京:中华书局,2006.

micro and macro）的思想；空间视角 2 对组织系统维度的划分强调了领导者与管理者既要重视目标和方法系统、利益和权力系统、信仰和价值观系统等无形方面的意义和作用，又要重视组织人、财、物等实体资源的储备与管理。组织要同时重视软实力（soft power）和硬实力（hard power）的建立，这体现了"知柔知刚"（knowing both softness and hardness）的思想。在传统"四知"的基础上，笔者进一步提出领导者和管理者要同时做到"知常知变"（出自《医宗必读》），即达成"六知"。"常"（constant）通常指客观规律，强调了在特定意义上，世界上存在相对稳定的、不太发生变化的内容，如自然法则和社会常规；"变"（change）通常指变化，强调了不确定性和新情况的出现。"知常知变"（knowing both constant and change）实际上是领导者和管理者认清事物兼具稳定性和变化的本质的前提条件和方法论。以物体的运动为例，对于匀速运动的物体，其速度保持不变，但随着时间的推移，位移不断发生改变，这其中，速度和位移分别对应"常"和"变"；而对于匀加速运动的物体，其加速度保持不变，但随着时间的推移，运动速度和位移不断发生改变，这其中，加速度对应"常"，而速度和位移均是变化的，是"变"；对于变加速的物体，其加速度、速度和位移都会随着时间的推移而发生改变，这些对应"变"，即便这样，运动过程本身仍符合物理学中的运动和力学定律，这也是整个过程中的"常"。再如，这个运动过程也可以通过数学中的微积分类比"知常知变"：微分包括求导的运算，是对变化率的计算；积分包括求积分的运算，通常用于定义和计算面积等，微分和积分互为逆运算。对于匀加速运动的位移，其本身是"变"，若对位移微分，求出的一阶导数是速度，也是变化的，二阶导数的加速度则是不变的，是"常"，这些微分步骤体现的是在变化的过程探究变化速率，进而寻求其背后隐藏的高阶的、稳定规律的过程，是"知常"的过程；而逆运算积分则是一步步不断将不变的、持续的规律还原到外显变化的过程，是"知变"的过程。"知常知变"在鼓励领导者和管理者认清组织发展的稳定性和动态性的同时树立时间的观念，认清客观规律，总结历史经验，同时明确组织内外部环境随着时间的推移而不断变化，在总结过去、反思现在、规划未来的基础上进行持续的学习和创新。图 1-12 描绘了领导和管理的时空理论将"四知"拓展到"六知"的情况。

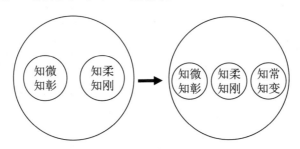

图 1-12　领导和管理的时空理论对相关中国传统文化的应用和整合

"六知"体现了领导者和管理者认识和分析组织的智慧基础和方法论。在实现"六知"的基础上，具有时空思维的领导者和管理者还需要进一步进行价值观的改善和提升，进一步实现"知行合一"，这是领导和管理的时空理论的重要实施路径，强调了用积极和正确的方式来将知识变成行动、运用于实践，从而为组织和社会带来更好的成就和更多的福祉。因此，在真正进行系统思考，实现对组织全生命周期的整体规划、设计、诊断和持续改进，做到知行一致的同时，领导者和管理者更要顺应自然和人类历史社会发展规律，尊重客观事实和环境，实现"天人合一"及社会和谐，进而建设更美好的社会，这是领导和管理的时空理论的目标和境界，旨在提升领导者和管理者的善意、智慧、胸怀和境界，建立更美好的社会。图 1-13 表达了领导和管理时空理论的重要实施路径以及希望达到的目标和境界。

图 1-13　领导和管理的时空理论的重要实施路径以及希望达到的目标和境界

总体上，笔者以时空为思路，通过演绎的方法建立了领导和管理的时空理论，努力将古今中外的思想相融合。领导和管理的时空理论提出在"知微知彰，知柔知刚"的"四知"基础上增加"知常知变"而成为"六知"，并进一步实现"知行合一"促进"天人合一"和社会和谐。希望本理论能对个人、群体、组织、地区、国家乃至全社会发挥积极的影响，以期有助于解决当今世界所面临的问题，从而建设更加美好的社会。

参考文献

[1] WEBER M. Economy and Society：An Interpretive Sociology（trans）[M]. New York：University of Californian Press，1978.

[2] BARNARD C I. The Functions of the Executive[M]. Cambridge，MA：Harvard University Press，1938.

[3] MARCH J G，SIMON H A. organizations [M]. Oxford：Wiley Organizations，1958.

[4] MORGAN G. Images of Organization[M]. Beverly Hills：Sage Publications，1988.

[5] TAYLOR F W. The Principles of Scientific Management[M]. New York：Harper，1911.

[6] TRIST E L，BAMFORTH K W. Social and Psychological Consequences of Long Wall Coal Mining[J]. Human Relations，1951，4（3）：3-38.

[7] TRIST E L. The sociotechnical perspective，the evolution of sociotechnical systems as a conceptual framework and action research program[M]// VAN DE VEN A H，JOYCE W F. Perspectives on Organization Design and Behavior. New York：John Wiley & Sons，1981：19-75.

[8] KAST F E，ROSENZWEIG J E. General systems theory：applications for organization and management[J]. Academy of Management Journal，1972，15（4）：447-465.

[9] SCOT W R. Organizations：Rational，Natural and Open Systems[M]. New Jersey：Prentice-Hall，Inc，1981.

[10] FAYOL H. General and Industrial Management（trans）[M]. London：Pitman，1949.

[11] SIMON H A. Administrative Behavior [M]. New York：Free Press，1945.

[12] MAYO E. The Social Problems of an Industrial Civilization[M]. Oxon：Routledge，1949.

[13] SELZNICK P. Foundations of the theory of organization[J]. American Sociological Review，1948，13（1）：25-35.

[14] BEER S. Cybernetics and Management[M]. New York: Wiley, 1964.

[15] GALBRAITH J R. Designing Complex Organizations[M]. Reading, MA: Addison-Wesley, 1973.

[16] WEICK K E. The Social Psychology of Organizing[M]. Reading, MA: Addison-Wesley, 1969.

[17] ANCONA D., KOCHAN T., MAANEN J V., SCULLY M., WESTNEY E. Organizational Behavior and Processes[M]. Boston: South-Western College Publishing, 1999.

[18] ROBBINS S P. JUDEG T A. Organizational Behavior, 17thed [M]. New Jersey: Pearson, 2016.

[19] FREEMAN R E. Strategic Management: A Stakeholder Approach[M]. Boston: Pitman, 1984.

[20] PETERS T J, WATERMAN JR R H. In search of excellence: lessons from America's best-run companies[J]. Journal of Business Ethics, 1985, 4 (1): 70-80.

[21] HOFSTEDE G. Motivation, leadership, and organization: do american theories apply abroad?[J]. Organizational Dynamics, 1980, 9 (1): 42-63.

[22] KOUZES J M, CALDWELL D. F, POSNER B Z. Organizational Culture: How it is Created, Maintained, and Changed[C]. OD Network National Conference, Los Angeles, 1983.

[23] OUCHI W. Theory Z: How American Business Can Meet The Japanese Challenge[J]. Business Horizons, 1981, 24 (6): 82-83.

[24] SCHEIN E H. Organizational culture[J]. American Psychologist, 1990, 45 (2), 109-119.

[25] WERNERFELT B. A resource-based view of the firm[J]. Strategic Management Journal, 1984, 5 (2): 171-180.

[26] BARNEY J. Firm resources and sustained competitive advantage[J]. Journal of Management, 1991, 17 (1): 99-120.

[27] SENGE P M. The Art and Practice of the Learning Organization [M]. New York: Doubleday, 1991.

[28] DRUCKER P F. People and performance: The Best of Peter Drucker on Management[M]. Boston, MA: Harvard Business School Press, 2007.

[29] TOYNBEE A J. A Study of History[M]. New York: Oxford University Press, 1957.

[30] PORTER M E. Competitive Strategy: Techniques for Analyzing Industries and

Competitors[M]. New York, Free Press, 1980.

[31] CHEN M J, SMITH K G, GRIMM C M. Action characteristics as predictors of competitive responses[J]. Management Science, 1992, 38（3）: 439-455.

[32] CHEN M J, MACMILLAN I. Nonresponse and delayed response to competitive moves[J]. Academy of Management Journal, 1992, 35（3）: 539-570.

[33] CHEN M J, MILLER D. Competitive attack, retaliation and performance: an expectancy-valence framework[J]. Strategic Management Journal, 1994, 15（2）: 85-102.

[34] KAHNEMAN D. Attention and Effort[M]. Englewood Cliffs, N.J: Prentice-Hall, 1973.

[35] DEWAR R D, DUTTON J E. The adoption of radical and incremental innovations: an empirical analysis[J]. Management Science, 1986, 32（11）: 1422-1433.

[36] LEWIN K. Frontiers in group dynamics II. Channels of group life; social planning and action research[J]. Human Relations, 1947, 1（2）: 143-153.

[37] KAHNEMAN D, TVERSKY A. Prospect theory: an analysis of decision under risk[J]. Econometrica, 1979, 47: 263-291.

[38] TVERSKY A, KAHNEMAN D. Advances in prospect theory: cumulative representation of uncertainty[J]. Journal of Risk and Uncertainty, 1992, 5（4）: 297-323.

[39] SAVITZ A, WEBER K. The Triple Bottom Line: How Today's Best-Run Companies are Achieving Economic, Social and Environmental Success—and How You can Too[M]. San Francisco: John Wiley & Sons, 2012.

第 2 章 组织的空间层次分析

2.1 基于空间层次分析的模型

笔者认为[1]，基于空间 1（S1）的层次方面，可从微观到宏观将组织系统划分为多个层次，如个体、群体和组织，甚至扩展到地区、国家乃至全社会等。人们在对自然世界的研究上也会采取这种类似的层次思维的方式。譬如：宏观上，人们将地球按层次划分为地核、地幔、地壳和大气层等；微观上，人们认为物质是由分子组成的，分子是由原子组成的，原子是由原子核和电子组成的，且电子环绕原子核旋转在不同层级的轨道上，因此原子的构成也是以层次结构呈现的。

按层次划分的组织系统如图 2-1 所示。图 2-1 中，代表组织系统层次的 M 个同心圆从内向外分别代表个体、群体和组织，甚至扩展到地区、国家和全社会等 M 个层次。其中，处于最内部的圆代表个体，个体是组织的基本组成单位，如同生物体的细胞，在独立发挥功能的同时又和其他个体相互作用。由于每个个体的情况不尽相同，当在某个特定的时间和空间点上特定个体对组织发展能产生较大影响时，它就应成为领导者和管理者特别关注的对象。例如，国家女子排球队的队长对队伍的整体表现有较大影响，那么在训练和比赛过程中必定会得到教练更多的关注——这是领导者和管理者对微观层面上个体的重视。

处于个体层次外层的圆代表群体。具有某些共同属性的个体被归为一个群体，这些个体通常在一个共同目标的指引下开展工作。尽管每个群体对组织的运作来说都是重要的，但是在特定情况下某个群体可能具有更为突出的地位，甚至成为影响自身所在组织的成效的决定性因素。例如，在里约奥运会期间，随着国家女子排球队距离决赛的时间越来越近，有关领导越来越重视女排这个群体的表现。

处于群体层次外层的圆代表组织，组织管理的最终目标是实现组织目标，因此领导者和管理者还要具有一定的大局意识。例如，国家体育管理机构中的有关领导每年在战略、结构、流程和制度等方面的行动，以及在人力、财力和物力等方面的投入，都是在组织层次上采取的举措。

上文重点讨论了个体、群体和组织三个层次的领导和管理情况，但是基于空间视角的层次方面分析组织时不应局限于上述三个层次，必要时还应上升到地区、国家乃至全社会等更为宏观的层次。图2-1中虚线的圆表示这些组织之外更高层次的系统。考虑组织之外更高层次系统的意义在于：使人认识到，领导和管理的范围严格来说不存在上限，领导者和管理者在做决策时应时时刻刻保持开放的态度。再采用上文的例子：国家体育管理机构的领导者和管理者不仅要关心某些个体、某些部门以及整个组织的内部事务，而且要考虑国家以及诸如国际奥林匹克委员会等国际组织，并根据有关的情况和政策变化采取有效的领导和管理策略。

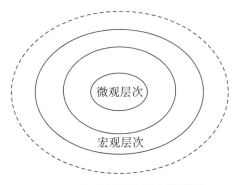

图2-1　组织的层次划分模型图

需要指出的是，组织各个层次之间的关系存在一定的规律性。组织中各层次之间的相互关系既受某种确定性规律的影响，又存在一定程度的不确定性。组织的变化情况往往会反映群体和个体的总体变化趋势，就像有一股力量同时影响着组织、群体和个体的起伏变化。譬如，若对比同一时间段内某家上市公司的股票收益率、该公司所在行业的平均股票收益率和整个股票市场的平均收益率的走势图，则很可能会发现三条曲线的上行期和下行期大体上是相对应的，这反映了上文提到的各个层次之间关系的规律性。

当然，组织中各层次的运行并不是完全同步的。在表示公司、公司所在行业和整个市场的股票指标的走势曲线图中，也许可以看到这些曲线的形状随着数据点的减少而变得不完全一致。

2.1.1 层次兼顾

在社会科学领域，关于微观层次和宏观层次重要性的比较一直受到研究人员的关注。这一比较的核心在于对个体、集体或社会结果的阐释应侧重于个体、社会还是文化层面[2]。在社会科学领域，有学者曾对研究者应该使用集体主义方法论还是个体主义方法论进行过讨论[3]。Durkheim[4]倡导运用集体主义方法论，认为社会学学科的分析应该侧重于宏观视角，个体层面的特征会受到社会层面因素的塑造和影响。将集体主义方法论运用于社会科学和管理研究中，研究人员往往强调制度、规则和社会结构等宏观层面的因素在社会学理论分析中的基础性作用[5]。与此相反，另一些社会学者认为个体层面的因素是社会科学分析的基础，并强调个体信念、偏好和兴趣（或人口统计学特征）在分析中的重要性[6]。

宏观层次的因素对组织的发展具有重要影响。Collins 和 Porras[7] 研究了十多个基业长青的公司，认为企业的战略、结构和文化等方面会影响组织的发展。具体而言，战略能使组织的内部活动和政策具有目标一致性，与外部复杂变化的环境相匹配，进而打造独特的组织竞争优势[8]。实证研究表明，组织战略会影响组织绩效，组织采取的不同战略会对组织产生不同影响[9-10]。

组织的不同结构——如集权化（centralization）和分权化（decentralization）等——也会对组织产生不同影响[11]。此外，拥有良好文化的组织能够展示出有效的信念和价值观，也会具有更高的生产力[12]。

人们在考虑组织的发展时也需要重视微观层次的因素。无论是"人民群众创造了历史"，还是"英雄创造了历史"，都体现了个体对组织发展的重要作用。Baer 和 Oldham[13] 指出，员工的创造性有助于组织可持续性竞争优势的构建。Gong、Zhou 和 Chang[14] 的实证研究也表明，核心知识型员工的创造力会对组织绩效产生重要影响。当前社会中被大力倡导的"工匠精神"就体现了在实践活动中个体劳动者通过追求职业技能的极致对企业和国家会做出重要贡献。

研究人员从各自的认识和偏好出发，对宏观层次和微观层次的研究各有侧重。Felin、Foss 和 Ployhart[15] 综述了以往组织和战略研究的文献，发现以往研究大多从宏观视角解释微观领域，认为微观层次的因素具有同质性。然而，目前越来越多的学者开始强调"微观基础"（microfoundation）的重要性，倡导基于个体层次分析组织中的问题[16-18]。需要指出的是，这种微观基础的视角既肯定了宏观层次的因素可能产生的影响，又强调了宏观层次的因素是通过微观层次的因素产生影响的，认为微观层次的因素具有异质性[15]。因此，本书认为，领导者和管理者在工作中需要注重层次兼顾的问题。综上，本书提出命题2.1。

命题2.1：基于不同层次的领导和管理工作都是重要的，领导者和管理者既要重视宏观层次，又要重视微观层次，要做到两者兼顾。

2.1.2 层次切换

领导者和管理者应该学会层次兼顾，同时还应该在不同的时空环境下对不同层次有所侧重，学会根据情况和需要在不同层次之间切换，即有时应该重点关注微观层次，有时应该重点关注宏观层次。

根据权变理论，组织的管理方式不存在固定不变的最佳模式，必须不断地进行动态调整和创新，以准确、快速地对环境变化做出反应。组织管理领域的权变理论主要包括结构权变理论（structural contingency theory）和领导权变理论（contingency theory of leadership）。结构权变理论认为，组织的结构和程序必须与组织情景（包括组织文化、环境和规模等）相匹配，从而保持组织的有效性和实现可持续发展[19]。领导权变理论认为，领导者的效能取决于领导者和领导者所处情景之间的交互作用，不同的领导者风格（关注工作或者关注员工）产生的效能受到领导者所处情景的影响[20]。

综上，权变理论的核心在于匹配（fit），强调组织结构或领导者风格应与所处情景相匹配，并随着情景变化而调整。将权变理论应用于层次分析模型，本书指出，领导者和管理者不仅应该学会层次兼顾，而且应该学会在不同的时空情景下进行层次切换，有时应该关注微观层次，有时应该关注宏观层次。譬如，在组织发展的初期，领导者和管理者可能需要更注重微观层次的影响，重点发挥核心人员的作用；而在组织发展的中后期，领导者和管理者可能需要更注重宏观层次的影响，强调组织的结构、流程、制度、文化和价值观等方面发挥的作用。当组织处于不同情景时，微观层次或宏观层次也可能产生不同影响。譬如，Gong、Zhou 和 Chang[14] 的实证研究表明：当组织具有较高的风险倾向时，核心知识员工的创造力与组织绩效负相关；当组织具有较高的吸收能力时，核心知识员工的创造力与组织绩效正相关；和规模较大的企业相比，规模较小企业的核心知识员工的创造力与组织绩效具有更强的正相关关系。因此，组织应该根据所处的时空情景选择重点关注的层次并使之发挥作用。

要指出的是，组织应该注重在关键时刻发挥微观层次的作用，重视个体创造性的发挥。在一些关键时刻，尤其是在突发情况下，微观层次的个体可能发挥重要作用。譬如，2018 年我国四川航空公司的 3U8633 航班在执行飞行任务时，驾驶舱右座前风挡玻璃劈裂脱落。在紧急情况下，机长凭着良好的飞行技术和心理素质，让飞机成功迫降，从而保障了机上所有人员的生命安全，创造了奇迹。同样，2009 年全美航空公司的一个航班遭飞鸟撞击而出现双引擎失灵，机长当机立断，迫降在哈德逊河面上，加上后续高效的救援工作，机上人员全部获救，被称为"哈德逊河上的奇迹"。因此，领导者和管理者在关注宏观层面时还应该强调全员参与，让每个员工都具有自我管理能力，充分发挥自身的热情、积极性和创造性，强调在关键时刻个人能有卓越的表现。据此，本书提出以下命题2.2。

命题2.2：领导者和管理者要根据实际情况，有时侧重关注宏观层次，有时侧重关注微观层次，且要善于在不同层次之间来回自如切换。

2.1.3 层次转换

对于组织而言，宏观层次和微观层次的因素都具有重要影响。除了应该注重层次兼顾和层次切换以外，组织还应该注重宏观层次与微观层次之间的互动和转换。汤因比[21]对人类的历史文明进行了研究，认为人类与环境的互动影响了文明的发展。Burgelman[22]论述了组织层次间的相互作用，认为层次间的相互作用既包括自上而下的作用，也包括自下而上的作用。因此，基于互动的视角，探讨宏观层次和微观层次的转化对于组织发展而言十分重要。本书指出，领导者和管理者强调不同层次之间的转化，即创造一种环境，使得组织中各个层次之间对立统一的力量相互作用，从而实现组织自上而下的"瀑布效应"（fall effect，也可以称为"动脉循环效应"，arterial circulation effect）以及组织自下而上的"涌泉效应"（spring effect，也可以称为"静脉循环效应"，venous circulation effect）。

2.1.3.1 瀑布效应

瀑布效应是指通过宏观层次的主体及其特征对微观层次的主体及其特征产生影响作用，强调自上而下的作用。本书提出的瀑布效应既包括自上而下的层次间的直接作用，也包括自上而下的层次间的间接作用。譬如，宏观层次对微观层次的影响至少包含三条直接作用路径——如组织层次对群体层次的作用、群体层次对个体层次的作用和组织层次对个体层次的作用，以及一条间接作用路径——如组织层次通过影响群体层次影响个体层次，如图2-2（a）所示。

以往有研究探讨了宏观层次的因素（如组织文化、价值观和政策等方面的因素）对员工产生的自上而下的影响。譬如，人们开展的组织社会化方面的研究，主要是探讨了新入职员工为了符合工作角色、成为组织的一员而使自己的价值观、能力、行为和知识符合组织期望的过程[23]。组织社会化通常被认为是人们适应新工作和角色的主要过程[24]，反映了组织层次对个体学习的影响[25]。由于人员的工作流动越来越频繁，因此组织社会化的作用显得更加重要。研究表明，员工在组织中需要经历社会化过程[26]。一些企业对新入职员工的培训就是组织自上而下影响员工、促进员工实现组织社会化的方式之一。然而，以往研究在强调组织自上而下的作用时强调直接影响作用[27-28]。而本书提出的瀑布效应是指组织中所有自上而下的作用，既包括层次之间的直接影响作用，也包括层次之间的间接影响作用。

以往有研究人员在探讨组织中高层领导者对低层领导者或员工的影响时提出了类似的效应。一些研究探讨了高层管理者对员工行为的影响，认为高层管理者会传递组织的价值观，并激励员工使其行为符合组织的价值观和政策[29-30]。还有一些研究人员运用社会学习理论（social learning theory，SLT）[31]探讨了高层管理者对较低层管理者的影响。譬如，Bass、Waldman和Avolio等[27]验证了变革型领导力的多米诺骨牌效应（falling dominoes effect）。其研究表明，较高管理层的变革型领导力会如同多米诺骨牌一般，逐步地表现在较低层次的管理者领导力中。Mayer、Kuenzi和Greenbaum等[28]验证了道德型领导力的涓滴模型（trickle-down model），认为在组织中模范示范过程和奖惩系统的作用下，高层管理者的道德型领导行为会正向影响低层主管的道德型领导行为。多米诺骨牌效应与涓滴效应类似，也是描述相关主体之间的作用。然而，这些效应都是在探讨相关主体之间的行为影响，与本书提出的"瀑布效应"强调宏观层次对微观层次的影响有所不同。

2.1.3.2 涌泉效应

涌泉效应是指微观层次的主体及其特征对宏观层次的主体及其特征产生影响作用，强调自下而上的作用。

本书提出的涌泉效应既包括自下而上的层次之间的直接作用，也包括自下而上的层次之间的间接作用。譬如，微观层次对宏观层次的影响至少包含三条直接作用路径——如个体层次对群体层次的作用、群体层次对组织层次的作用和个体层次对组织层次的作用，以及一条间接作用路径——如个体层次通过影响群体层次来影响组织层次，如图2-2（b）所示。

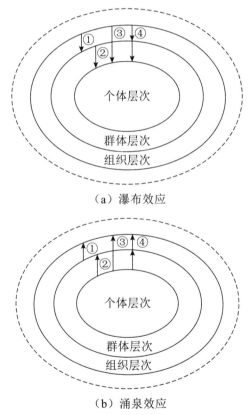

图 2-2 瀑布效应和涌泉效应示意图

说明：图2-2（a）中路径①～③分别代表组织层次对群体层次、群体层次对个体层次、组织层次对个体层次的直接影响作用，路径④代表组织层次对个体层次的间接影响作用；

图 2-2（b）中路径①～③分别代表群体层次对组织层次、个体层次对群体层次、个体层次对组织层次的直接影响作用，路径④代表个体层次对组织层次的间接影响作用。虽然本书重点论述个体、群体和组织三个层次的领导和管理，但是基于空间视角的层次方面对组织系统的划分应不局限于上述三个层次。按照层次划分，还可上升到地区、国家和全社会等更为宏观的层次，由此产生的瀑布效应和涌泉效应会更加丰富。

Burgelman[22]论述了个体层次对组织层次的作用机制，指出自发的个体行为不能直接影响企业理念，而是通过政治游说部分项目得到决策层采纳，从而使企业理念发生改变。一些研究者探讨了员工的建言行为（voice behavior），指出员工会向上提出有益于企业的建设性观点、意见和信息，从而提升组织的效能和绩效[32-33]。除了上述方式以外，组织还有许多促进自下而上互动的方式。譬如，一些企业强调"授权行为"，如华为强调"让听得见炮声的人呼唤炮火"，还有一些企业在管理实践中评选包括基层在内的员工为"优秀员工""优秀团队"，并在组织中宣扬其事迹等。这些均是这种思路的反映。

当前在战略和组织领域，研究人员越来越关注"微观基础"概念[34-35, 17]，强调个体层面的因素以及个体间的交互作用对组织层面结果的影响[35]。Felin、Foss和Ployhart[15]研究了如何解释企业宏观现象的问题，提出了微观基础的概念，指出宏观现象无法解释个体的异质性，并据此认为理解宏观现象必须借助对微观层面上个体的分析，在分析过程中需要弄清"环境—层级—涌现/互动—结果"（context-levels-emergence/interaction-outcome）这四个环节。Foss和Lindenberg[36]探讨了微观特性向宏观特性涌现的机制，认为涌现是通过个体的首要目标向更高级的规范目标转变来实现的。据此，探讨微观层次向宏观层次的作用在理论和实践上都是十分重要的。由此，本书提出命题2.3。

命题2.3：领导者和管理者应该根据实际情况，有时让宏观层次影响和推动微观层次，有时让微观层次影响和推动宏观层次，建立上下相推、良性互动的流程和体系。

2.2 基于空间层次分析的方法

2.2.1 层次兼顾的实践方法

原则1：领导者和管理者在企业管理实践中应该兼顾在不同层次的考虑，并采取实际行动。

在管理实践过程中，领导者和管理者应该重视层次兼顾的问题，并付诸实际行动。譬如，顺丰速运（以下简称"顺丰"）的领导者非常重视企业宏观层面战略和文化的构建。顺丰将经营理念定位于"成就客户，推动经济，发展民族速递业"，在快递物流行业进行战略布局，建立了自建、自营的速运网络。此外，顺丰推行以客户需求为核心的组织文化，为客户推出了灵活多样、创新即时的服务，进一步提高了市场竞争力。除了重视企业宏观层面的问题，顺丰的领导者和管理者还非常重视企业微观层面的问题。2016年针对某位快递员受到不合理对待事件，顺丰的高层领导迅速做出反应，指派人员陪同快递员报警、到医院检查、采取法律手段维权，同时声明将对此事追究到底。顺丰的高层领导对微观层面事件和员工个人的关心，最终对组织层次所有员工都产生了积极影响。

2.2.2 层次切换的实践方法

原则2：领导者和管理者应该根据公司的内部情况和所处的外部环境，在必要时对不同层次的重要性进行区分和排序，有些情况下应该强调从宏观层次考虑问题并付诸行动，有些情况下应该强调从微观层次考虑问题并付诸行动；层次切换需要领导者和管理者能够不断改变思维和行动的惯性，在必要时进行宏观层次和微观层次的切换。

领导者应该学会在不同层次之间来回切换，在有些情况下从宏观层次考虑问题并付诸行动，在有些情况下从微观层次考虑问题并付诸行动。

在层次切换的问题上：一方面，领导者和管理者应该学会基于自身所处的层次开展管理活动。譬如，曾任通用电器（GE）公司总裁的韦尔奇在刚进入公司时是普通员工，逐步成为团队领导、事业部领导，最后成为整个公司的总裁。在职业生涯的不同发展阶段，韦尔奇应该站在不同层次考虑问题。当韦尔奇还是普通员工时，可能带领一两个下属，此时他应该关注直接领导的员工，包括关注员工工作和情绪上的细节性问题；当他带领团队时，关注问题的层次应该上升到团队层面；当他成为事业部总经理后，他要把核心团队领导好才能领导好整个事业部；最后，当他成为整个通用电气公司的总裁时，他应该站在整个公司的层次考虑问题，如考虑整个公司的战略、组织结构和流程制度以及文化和价值观体系的建立和运用。此时，由于韦尔奇领导几十万员工，限于时间和精力而无法关注每位员工及其具体细节问题，因此其侧重点应在于组织层面的宏观问题。韦尔奇在任时提出的"数一数二"战略、无边界组织和六西格玛质量管理等，都是指导整个公司层面运营和发展的重要措施。

另一方面，领导者和管理者应该在不同层次之间切换。譬如，公共组织的领导者需要既在国内外宏观层面上探讨地区、国家或整个社会的发展方向和管理体系，也需要关注微观层面，如深入基层并与基层的个人、家庭或单位面对面交流，了解其工作生活的现状和问题，提出解决办法。只有在各层次之间来回切换，才能在捕获微小扰动、见微知著的同时把握大势和方向。

2.2.3 层次转换的实践方法

原则 3：领导者和管理者应该创造环境，使组织的"瀑布效应"和"涌泉效应"得以实现，发挥组织各个层次之间的良性促进和转换作用，从而提高组织成效。

一些企业在管理中采用了与层次转换相关的实践，通过设计组织结构或制定政策促进各个层次之间的相互促进和转化，使得瀑布效应和涌泉效应都得以实现。譬如，某酒店采用扁平化管理，建立了以分店店长为中心的组织结构。为了支持和监督店长和分店，总部建立了人事、收益、销售和服务四个支持中心（简称"四线"）以及品质、安全、财务和文化等其他一般性职能部门。"四线"的主要职责是给予各分店充分的支持和帮助，并履行一定的监督作用。譬如，收益支持中心为分店提供各种分析数据，使分店了解自身在集团所有分店中绩效等方面的排名情况，分店在获得这些数据后可自主决定采取相应的措施。其他一般性职能部门主要负责质量和安全管理、财务稽核和文化建设等事务。例如，总部设有"文化官"，负责公司文化的宣传和贯彻。该企业通过构建四线，推动了在层次方面自上而下的作用，实现了瀑布效应。

同时，为了发挥店长的最大潜能，该酒店从全国店长中选出近十名店长组成委员会，定期提出并讨论公司管理中的重要议题、各项管理制度的合理性以及如何改进，和总部四线等部门主管一起讨论并对建议的方案进行优选。各委员由店长和员工投票选出，代表其他店长和员工的利益和意见。该委员会使基层店长和上层总部之间建立了对话交流机制，能很有效地将一线的信息和经验快速反映给公司总部，形成对整个公司有利的政策和运作方法。这种委员会的组织方式保障了组织里自下而上的影响，实现了涌泉效应。

为了实现瀑布效应，领导者和管理者应该建立自上而下的通道，注重企业宏观层次因素对微观层次因素的影响作用。企业文化会对员工产生重要影响，因此领导者和管理者应该注重企业优秀文化的积淀和传承，通过企业的价值观和文化影响个体。譬如，应对新入职的员工进行培训，发挥企业文化和价值观的影响。同时，领导者和管理者也应该建立自下而上的通道，建立相应的制度和流程来提高员工的积极性和创造性，为组织的发展提出好的建议和措施并身体力行，从而实现组织的涌泉效应。总之，领导者和管理者应该鼓励和要求每位员工既能接受组织积淀下来的优秀文化，又能为组织制度的完善添砖加瓦。任何组织、制度和流程都不是最完善的，领导者和管理者应该允许组织中优秀的个体发挥创造性，让员工通过努力形成企业原有文化、制度和规范中没有的优秀管理实践，最后成为企业可以学习的典范和对象，使个体的经验上升为组织的经验。据此，为了更好地实现"涌泉效应"，领导者和管理者应该充分发挥企业的"人口红利"（即发挥人的潜能）。为了更好地发挥员工的积极性、主动性和创造性，公司在招聘员工时应该考虑员工的年龄比例，既要兼顾老中青员工的搭配，又要重视中青年员工的数量，从而使组织的活力更加旺盛，使组织涌现出更多创造性的想法和措施。

参考文献

[1] 陈国权. 领导和管理的时空理论 [J]. 中国管理科学，2017，25（1）：181-196.

[2] UDEHN L. Methodological Individualism: Background, History and Meaning[M]. London: Routledge，2001.

[3] CLARK T N. Gabriel Tarde on Communication and Social Influence[M]. Chicago, IL: University of Chicago Press，1969.

[4] DURKHEIM E. The Rules of Sociological Method[M]. New York: Free Press，1962.

[5] JEPPERSON R，MEYER J W. Multiple levels of analysis and the limitations of methodological individualisms[J]. Sociological Theory，2011，29（1）：54-73.

[6] COLEMAN J. Foundations of Social Theory[M]. Boston: Harvard University Press，1990.

[7] COLLINS J，PORRAS J I. Built to Last: Successful Habits of Visionary Companies[M]. New York: Harper Collins Publishers，1994.

[8] PORTER M E. Towards a dynamic theory of strategy[J]. Strategic Management Journal，1991，12（S2）：95-117.

[9] SNOW C C，HREBINIAK L G. Strategy，distinctive competence，and organizational performance[J]. Administrative Science Quarterly，1980，25（2）：317-336.

[10] WOOLDRIDGE B，FLOYD S W. The strategy process，middle management involvement，and organizational performance[J]. Strategic Management Journal，1990，11（3）：231-241.

[11] CSASZAR F A. Organizational structure as a determinant of performance: evidence from mutual funds[J]. Strategic Management Journal，2012，33（6）：611-632.

[12] DENISON D R. Bringing corporate culture to the bottom line[J]. Organizational Dynamics，1984，13（2）：5-22.

[13] BAER M, OLDHAM G R. The curvilinear relation between experienced creative time pressure and creativity: moderating effects of openness to experience and support for creativity[J]. Journal of Applied Psychology, 2006, 91 (4): 963.

[14] GONG Y, ZHOU J, CHANG S. Core knowledge employee creativity and firm performance: the moderating role of riskiness orientation, firm size, and realized absorptive capacity [J]. Personnel Psychology, 2013, 66 (2): 443-482.

[15] FELIN T, FOSS N J, PLOYHART R E. The microfoundations movement in strategy and organization theory[J]. Academy of Management Annals, 2015, 9 (1): 575-632.

[16] LIPPMAN S A, RUMELT R P. The payments perspective: micro-foundations of resource analysis[J]. Strategic Management Journal, 2003, 24 (10): 903-927.

[17] FELIN T, FOSS N J. Strategic organization: a field in search of micro-foundations[J]. Strategic Organization, 2005, 3 (4): 441-455.

[18] BARNEY J, FELIN T. What are microfoundations?[J]. Academy of Management Perspectives, 2013, 27: 138-155.

[19] DRAZIN R, VAN DEN VEN A H. Alternative forms of fit in contingency theory[J]. Administrative Science Quarterly, 1985, 30 (4): 514-539.

[20] FIEDLER F. Validation and extension of the contingency model of leadership effectiveness: a review of empirical findings[J]. Psychological Bulletin, 1971, 76: 128-148.

[21] TOYNBEE A J. A Study of History[M]. New York: Oxford University Press, 1957.

[22] BURGELMAN R A. A model of the interaction of strategic behavior, corporate context, and the concept of strategy[J]. Academy of Management Review, 1983, 8(1): 61-70.

[23] LOUIS M R. Surprise and sense making: what newcomers experience in entering unfamiliar organizational settings[J]. Administrative Science Quarterly, 1980, 25(2): 226-251.

[24] CHAO G T, O'LEARY-KELLY A M, WOLF S, et al. Organizational socialization: its content and consequences[J]. Journal of Applied Psychology, 1994, 79 (5): 730-743.

[25] SCHEIN E H, OTT J S. The legitimacy of organizational influence[J]. American Journal of Sociology, 1962, 67 (6): 682-689.

[26] ROLLAG K, PARISE S, CROSS R. Getting new hires up to speed quickly[J]. MIT

Sloan Management Review, 2005, 46 (2): 35-41.

[27] BASS B M, WALDMAN D A, AVOLIO B J, et al. Transformational leadership and the falling dominoes effect[J]. Group & Organization Management, 1987, 12 (1): 73-87.

[28] MAYER D M, KUENZI M, GREENBAUM R, et al. How low does ethical leadership flow? Test of a trickle-down model[J]. Organizational Behavior & Human Decision Processes, 2009, 108 (1): 1-13.

[29] BARNEY J B. Should strategic management research engage public policy debates?[J]. Academy of Management Journal, 2005, 48 (6): 945-948.

[30] GROJEAN M W, RESICK C J, DICKSON M W, et al. Leaders, values, and organizational climate: examining leadership strategies for establishing an organizational climate regarding ethics[J]. Journal of Business Ethics, 2004, 55 (3): 223-241.

[31] BANDURA A. Social Learning Theory[M]. Englewood Cliffs, NJ: Prentice-Hall, 1977.

[32] LEPINE J A, VAN DYNE L. Predicting voice behavior in work groups[J]. Journal of Applied Psychology, 1998, 83 (6): 853-868.

[33] MORRISON E W. Employee voice behavior: integration and directions for future research[J]. Academy of Management Annals, 2011, 5 (1): 373-412.

[34] FOSS N J. Bounded rationality and tacit knowledge in the organizational capabilities approach: an assessment and a re-evaluation[J]. Industrial & Corporate Change, 2003, 12 (2): 185-201.

[34] TEECE D J. Explicating dynamic capabilities: the nature and microfoundations of (sustainable) enterprise performance[J]. Strategic Management Journal, 2007, 28 (13): 1319-1350.

[35] ABELL P, FELIN T, FOSS N. Building micro-foundations for the routines, capabilities, and performance links[J]. Social Science Electronic Publishing, 2008, 29 (6): 489-502.

[36] FOSS N J, LINDENBERG S M. Micro-foundations for strategy: a goal-framing perspective on the drivers of value creation[J]. Academy of Management Perspectives, 2013, 27 (2): 85-102.

第3章　组织的空间维度分析

3.1　基于空间维度分析的模型

受《孙子兵法》中"虚实篇"思想的启发，笔者[1]将组织的维度划分为两大方面，包括相对"无形"的"方法"维度和相对"有形"的"资源"维度。《孙子兵法》中"虚实篇"讲的是作战过程中避实击虚。笔者对"虚实"思想进行了引申，用"软硬"对应"虚实"，将组织划分为"软实力"和"硬实力"两大维度。其中，"软实力"对应"方法"维度，"硬实力"对应"资源"维度。以学校为例：一方面，学校有其发展的使命、愿景和价值观，还有各种内部结构、制度和流程，属于软实力；另一方面，学校拥有师生和校友，还有其他一些实实在在的资产等，属于硬实力。

从空间视角看，同一层次（无论是宏观、中观还是微观）上包含着不同的维度。在微观的个体层次上，领导者和管理者需要关注个体的个性、能力和价值观等维度。比如，人力资源管理通常强调考察个体的德、能、勤、绩四个维度，即品德、才能、勤奋和业绩。在中观的群体层次上，领导者和管理者需要关注群体的构成、规模、规则、氛围和工作成效等维度。在宏观的组织层次上，领导者和管理者需要关注组织的目标和方法、利益和权力、信仰和价值观等维度。譬如，领导者和管理者需要考虑组织的战略系统、组织结构系统、人力资源系统、利益分配系统、信仰和价值观系统等。以乒乓球运动为例：对于一名乒乓球运动员，我们要关注他的身体状态、技术水平和历史成绩等；对于一支乒乓球团队，我们要关注团队的构成、队员间的配合、队员间的关系、团队的成绩等；对于乒乓球协会，我们要关注协会组织的目标和宗旨、组织结构流程和制度、成员间的利益分配和相互关系、组织的精神和文化等。

（1）维度相关的文献分析

Nye[2]认为，实力（power）是能够影响结果的能力或资源。他提出了软实力（soft power）的概念，认为软实力是一种可以察觉的但无形的吸引力，可以说服其他人在没有明确的威胁或交换的情况下追随其目标而行动[3]。硬实力（hard power）则代表着诱因、威胁或胁迫。

以往人们从企业和国家两个层次出发开展与软实力概念相关的研究。在企业层次上，Hamel和Prahalad[4]关注企业的战略意图（strategic intent），认为战略意图的差异是导致企业兴盛或衰落的关键原因。战略意图能够确保长期方向的稳定性，并使企业上下同心协力。要想实现战略意图，企业在中期内要设立多个阶段性挑战作为发展重点，同时注意创造同甘共苦的氛围，在短期内要建立不同层次的优势。Collins和Porras[5-6]认为，企业要构建良好的愿景，愿景包括核心理念和未来前景，在追求愿景的过程中进行组织和战略的协调。在国家层次上，Nye[3]研究了国家的软实力，认为软实力包括国家的文化和政府的国内外政策。

企业拥有的有形资源是硬实力的体现。企业的核心竞争优势可以是软实力，可以是硬实力，也可以是软实力与硬实力的结合。Barney[7]提出了资源基础观（resource-based view），认为同一行业内的企业可以有不同的战略资源，这些资源不能在企业间完全自由地流动。如果这些资源是有价值的、稀缺的、不能完全复制的、不可被其他资源代替的，那么这些资源就可能成为企业可持续竞争优势的来源[8]。

关于硬实力，Paeleman 和 Vanacker[9]研究了财务资源与人力资源的不同组合对不同阶段企业表现和生存的影响，并提出了四种资源组合。企业中的人才拥有一定的知识和技能，是企业硬实力的重要来源。Grant[10]提出了知识基础理论（knowledge-based view），认为隐性知识和显性知识与企业的价值创造有关，影响企业的生存和发展。Leonard-Barton[11]从知识基础理论的视角阐释了企业核心能力（core capability）的四个维度，即知识与技能、技术系统、管理系统以及价值和规范。企业所需能力与现有核心能力的匹配程度决定了所需能力与现有能力的互动强度。核心能力和核心刚性（core rigidity）如同一枚硬币的两面：核心能力对企业发展有促进作用，核心刚性对企业发展有阻碍作用。大多数企业倾向于采用集中的知识管理系统和技术，无法充分利用分散在组织中的大量专业知识，只擅长传播显性知识，不善于传播隐性知识。Hansen 和 von Oetinger[12]提出了 T 型管理方式，要求管理人员在整个组织内（字母"T"的水平线部分）自由分享知识，同时保持对所在部门（字母"T"的垂直线部分）绩效的承诺。T 型管理方式帮助企业利用已有知识，通过传播最佳实践方法提高企业效率，通过共享专业知识提高企业效益，通过交流思想开发新的商业机会。

企业的领导者和管理者对软实力和硬实力的认知很重要，他们需要根据认知采取相应的行动。Dolmans、van Burg 和 Reymen 等[13]认为，资源定位（resource position）反映了可得资源与所需资源的相对关系，资源定位是被感知的、短暂的，也是多维的，包括财务、产能和才能等维度。人们研究发现，被感知到的资源定位会对企业家的决策产生影响。

（2）维度划分的详细说明

笔者首先将组织的维度分为两大方面——软实力（方法）维度和硬实力（资源）维度，然后进一步对软实力维度和硬实力维度进行了细分，如图3-1所示。

在软实力维度上，组织具有目标和方法系统、利益和权力系统、信仰和价值观系统，以及其他可能存在的子维度系统。第一是目标和方法系统。每个组织都有其战略目标和实现战略目标的方法——这是最基本的，可用来

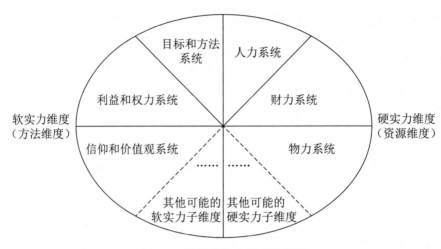

图 3-1　组织的维度构成模型图

说明：左侧为软实力维度（方法维度）；右侧为硬实力维度（资源维度）。

指明组织前行的方向和路径。以企业为例，目标和方法系统是指企业的战略目标定位、发展路径、成长速度以及与之匹配的组织结构、流程和制度体系。企业要建立使命、愿景和目标，根据自身追求进行恰当的路径选择，找到适合自身发展的经营管理之道。第二是利益和权力系统。当企业发展起来后，如何分配利益和权力成为一个很重要的问题。如果一个组织有良好的、清晰的利益分配和激励体系，那么员工的积极性和创造性就能得到充分发挥。此外，良好的利益分配系统会使员工感到公平和公正，使组织充满正气。反之，利益和权力分配不当导致的不良冲突会阻碍企业发展，甚至危及企业的生存。领导者和管理者在考虑利益和权力分配系统时，需要平衡各利益相关者的利益诉求，合理分配权力，减少组织内部及组织与外部的不良冲突。第三是信仰和价值观系统。组织在制定发展战略目标和路径、分配利益和权力时，以及在日常运作的过程中，都不可避免地会受到所持有的信仰和价值观的影响。信仰和价值观系统是指组织成员在共同工作、相互影响的过程中形成的共有的信仰、价值观、思维方式、行为习惯、习俗礼仪和符号系统等。其中，价值观是对事物的偏好。人们常说"君子爱财、取之有道"。虽然公司要盈利，但是获取的应是正当的利益。譬如，投资银行在进行投资项目选择时，可将资金投向不同项目的产品。对于环保的、有益于人类健康的产品，即使投资回报率稍低，也建议银行考虑去投；对于可能对社会发展或环境保护产生负面作用的产品，即使其利润率较高，投资银行也应坚持不投。不能只以利润率作为投资决策的标准，因为企业需要坚守一些重要的道德准则和价值观。从长远看，正确的价值观能够帮助企业实现可持续成长。从以上分析可以看出，软实力维度的三个主要细分维度之间有一定的逻辑关系：目标和方法维度考虑的是企业如何发展；利益和权力维度考虑的是企业发展后如何分配相关的利益和权力；信仰和价值观维度考虑的是发展和分配过程中应持有怎样的信仰和价值观。

在硬实力维度上，组织具有人力系统、财力系统、物力系统以及其他可能存在的子维度系统。组织硬实力的第一个方面是人力。组织内部人才在一定程度上影响其发展，无论是管理人才、技术人才，还是基层业务能力强的"能工巧匠"，都是组织的硬实力。组织硬实力的第二个方面是财力，即经济实力，企业具有或能够筹备资金。组织硬实力的第三个方面是物力，物力既包括掌握的科学技术（如银行和航空公司等拥有的先进信息技术系统、制造企业拥有的高精尖生产加工设备），也包括具有的优越地理资源等。这些都是非常重要的硬实力。很多时候企业的领导者和管理者需要花费精力强化硬实力，如招募人才、筹备资金，获取更多的高端技术、设备或其他有形的物力资源。

总体而言，笔者对维度的划分，首先是将组织整体划分为软实力维度和硬实力维度，然后对软实力维度和硬实力维度再进一步细分。软实力包括目标和方法系统、利益和权力系统、信仰和价值观系统等；硬实力包括人力系统、财力系统和物力系统等。以上对细分维度的划分并不能穷尽所有可能，因此还可以进一步补充，如大数据也是一种可以深度挖掘的资源，可划为硬实力维度。

3.1.1 维度兼顾

笔者在领导和管理的时空理论中提出了"六知"思想,即"知微知彰、知柔知刚、知常知变"。其中,对于"知柔知刚",笔者重新赋予"柔"以"软实力"的内涵,赋予"刚"以"硬实力"的内涵。领导者和管理者需要认识到企业具有软实力和硬实力两个方面,既要抓软实力,又要抓硬实力。如果领导者和管理者只关注硬实力——如充足的资金、先进的设备等,而忽略了软实力,那么即使企业可以通过收购、兼并"做大",也很难"做强"。如果领导者和管理者只关注软实力——如正确的发展方向和路径、合理的利益分配机制以及良好的价值观等,而忽略了企业发展必须具有的实实在在的人力、财力和物力等硬实力,那么企业就无法提供良好的产品和服务,无法创造价值和实现发展。Sull[14]总结了优秀公司的经验,提出了影响组织成功的五方面因素:①战略框架,它决定了组织的认识能力,包括对行业、相关竞争者和创造价值的认识能力;②流程,它体现为组织如何做事,包括组织正式和非正式做事的方式;③资源,即组织掌控的、有助于参与竞争的有形资产和无形资产,如品牌、技术、不动产和经验等;④关系,即组织与外部利益相关者建立的联系,包括与投资者、技术合作伙伴和分销者等的联系;⑤价值观,即能够激励、团结和证明自身的信仰。在上述五个因素中,战略框架、流程和价值观属于组织的软实力,资源和关系属于组织的硬实力。企业既要有物质文明,又要有精神文明。领导者和管理者既要能够通过有效决策增加其经济效益,又要能够激发员工士气、树立奋斗精神。

综上所述,本书提出命题 3.1。

命题 3.1:领导者和管理者要兼顾组织的软实力和硬实力。

3.1.2 维度切换

领导者和管理者应根据企业所处阶段的情况,从认知和行动两个方面抓住主要矛盾，合理分配有限的时间、精力和注意力。依据注意力基础观（attention-based view）[15]，领导者和管理者在制定决策时的注意力是有限的。领导者和管理者需要对企业进行定位，认识到现阶段需要关注的重点，在规划时间、考虑行为时，在有些情况下需要将重点放在软实力建设上，如战略的选择、路径的选择、利益分配体系的建立、激励机制的设置、薪酬体系以及信仰和价值观的建立等，而在有些情况下需要将重点放在硬实力建设上，如人才队伍的建设、资金的筹备和高精尖设备的购置等。具体而言，软实力建设的重点是优化战略和路径，改进利益分配方式，优化企业文化等；硬实力建设的重点是招贤纳士、培养人才，增加收益、吸引资金，掌握科技、获得物资等。软实力和硬实力两个维度没有优劣对错之分。领导者和管理者要认识到不同维度的存在，根据不同情况找到侧重点，在软实力建设和硬实力建设两个方面自如切换，做出正确的选择、采取相应的行动。

综上所述，本书提出命题3.2。

命题3.2：领导者和管理者要根据组织的实际情况在软实力建设与硬实力建设之间自如切换，即在有些情况下需要侧重于软实力建设，在有些情况下需要侧重于硬实力建设。

3.1.3 维度转换

从动态角度看，企业内部各维度是相互依存、相互影响的，即软实力会影响硬实力，硬实力也会影响软实力，软实力与硬实力之间的相互影响关系如图3-2所示。

企业的目标和方法、利益和权力与信仰和价值观是相互影响的，人力、财力和物力等资源也是相互作用的。更进一步，整个软实力维度和硬实力维度之间也是相互依存、相互作用的。正确的目标和方法、平衡的利益和权力以及先进的信仰和价值观需要实实在在的人力、财力和物力等资源存在并发挥作用，而且反过来会增加和优化资源，实现资源的

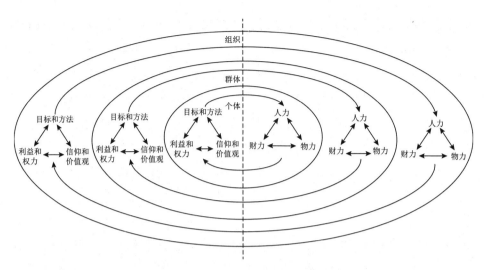

图 3-2　组织的多维度相互作用示意图

总量增长和质量改善。以企业发展为例，初创企业可能很快发展起来，获得一定收益。当企业在盈利后需要继续成长壮大时，其组织管理方法体系可能无法支持市场和业务的快速发展。华为技术有限公司（以下简称"华为"）也曾面临这种情况，它采取的方式是运用资金（硬实力）换取软实力。例如：购买国外新产品开发管理系统，从而大大加速了新产品开发速度；在人力资源管理方面，采纳其他公司提供的咨询建议；在质量管理、生产管理方面，投入经费引进其他国家的先进经验。华为的高层管理者曾提出"前人已经做错事，走了那么多弯路，认识到今天的真理，我们却不去利用，我们却要去重新实践，自然就浪费了我们宝贵的青春年华"[①]的观点。因此，华为选择凭借硬实力——用所赚取的利润购买先进的技术和管理体系来增强软实力，再用软实力增强硬实力，促使企业更好发展、获取更多盈利。

然而，领导者和管理者还应清醒地认识到软实力与硬实力的相互影响可能是正向的，也可能是负向的。一个拥有丰富资源的企业，未来有两种可能：一种是企业凭借充足的实体资源以及领导者强大的危机意识和强烈的企业家精神发展得越来越好；另一种是过多的资源弱化了企业的战斗力，使企

---

① 资料来源：任正非. 创业创新必须以提升企业核心竞争力为中心[R]. 任正非文集，第84期.

业步入粗放式经营的不良路径,短期内可能获得巨额利润,但长期下去会"坐吃山空",难以实现长期的可持续发展。领导者和管理者需要促使软实力与硬实力相互正向影响,即应建立一种有效的机制,既能让组织的硬实力促进软实力,又能让软实力促进硬实力,促进组织的软实力与硬实力相互转换,善于建立左右相生[①]、良性互动的流程和体系。即如图 3-1 所示的左侧"软实力"与右侧"硬实力"的相互促进。

综上所述,本书提出命题 3.3。

命题 3.3:领导者和管理者要根据实际情况,在有些情况下将软实力转换为硬实力,在有些情况下将硬实力转换为软实力,建立左右相生、良性互动的流程和体系。

再进一步,软实力与硬实力的互动不仅仅发生在同一层次内,不同层次的各个维度也可以相互影响,譬如组织的目标和方法会影响群体的目标和方法,也会影响个体的目标和方法。同时,这些影响作用不仅会发生在不同层次的同一维度上,而且会发生在不同层次的不同维度之间,如高层领导者个人的软实力可以影响整个组织的硬实力等。

由此,本书提到命题 3.3.1 和命题 3.3.2。

命题 3.3.1:领导者和管理者要根据实际情况,在相同层次上促进软实力的各子维度与硬实力的各子维度相互转换。

命题 3.3.2:领导者和管理者要根据实际情况,在不同层次上促进软实力的各子维度与硬实力的各子维度相互转换。

---

① 此处的"相生"源于中国传统文化"五行"中的"相生相克"思想。

3.2 基于空间维度分析的方法

根据前文的理论命题，本节提出领导者和管理者运用维度分析的实践方法——主要体现为三个实践原则，并以北京本立数据智能科技公司（后文简称"本立公司"）为例进行具体阐述。

本立公司成立于1997年，是一家"新三板"上市公司。本立公司致力于在数据中心和建筑智能化系统的建设、建筑的装饰装修、电力工程的设计和施工等多个方面为客户提供服务，承建了数百项大型数据中心机房和智能化系统工程，如某市电信数据中心机房总包项目、某市某广场的装修及智能化工程、某公司在东部地区的数据中心工程项目等，其服务对象包括政府部门以及金融、能源、通信、航空、制造、建筑和烟草等行业的公司。目前公司处于高速发展期，其年营业收入和利润都保持增长。公司的发展大致分为三个阶段：第一阶段，1997—2000年；第二阶段，2000—2010年；第三阶段，2010年至今。下面分别阐述本立公司发展的三个阶段中在软实力和硬实力两个维度的实践做法。

（1）第一阶段的实践

在第一阶段（1997—2000年）中，公司的业务偏重贸易。作为国外公司的代理商，公司的基本业务是向客户销售服务器、打印机和交换机等信息技术产品。在这一阶段，公司完成了资本的原始积累，形成了以"君子务本"为主的文化根基。公司在经营过程中特别强调"务本"。比如，在商业合作和客户关系维系的各个方面，公司要求自身做到本分做事、本分经营、实事求是、不夸大其词、不过度承诺，从而与客户建立了良好的信任关系，赢得了很好的声誉。最早的一批客户（如某市一家大型企业）至今仍与公司保持着稳定的合作关系。能获得客户信任的代理商才能在与国外公司的价格协商上具有话语权。在客户的推荐下，公司获得了更大、更稳定的客户群，并得到了国外公司的信任，从而提升了议价能力，也使客户获得了实惠，帮助国外公司拥有了更多客户，而公司本身也由此获得了很好的收益回报。

（2）第二阶段的实践

在第二阶段（2000—2010年）中，公司真正实现了在数据中心领域的发展、积累和沉淀。随着互联网的发展，2000年左右国外已有很多大型数据中心，但那时我国的互联网行业处在发展的初级阶段。在这种情况下，公司将核心业务定位为工程项目，同时与国外公司在工程和设计领域开展合作，并从中学习了其先进的设计理念和方法。比如，公司与某国外公司合作建设了某市的笔记本电脑园区。该园区不仅有数据中心，而且有智能停车场、安防设施、配套弱电系统和机房等。在这个项目中，国外公司主要负责设计，公司主要负责施工建设。

2000年前后，某国外公司收购了一家全球首屈一指的数据中心设计公司，从而大大增强了技术实力，其设计的数据中心在能耗指标等方面处于领先水平。公司后来与该国外公司合作，共同承接项目，并在合作过程中向该国外公司的专家学习。例如，两家合建了我国某大型互联网公司的一个数据中心。在此过程中，该国外公司派出一些设计专家，与公司的设计人员组成设计团队。虽然公司只负责部分基础性工作，但是也学习到了国外公司专业的设计理念和方法。设计思路完成后，公司安排人员具体实施。在与国外公司的合作过程中，公司的做法可以总结为四个字——"勇于承担"。与公司合作的这家国外公司具有良好的设计理念和方法，而公司有一定的设计基础和很强的施工建设能力。虽然双方有明确分工，但是公司在合作过程中勇于承担更多责任，多做一些分工之外的工作、多付出一些精力、多增加一些经费投入，让合作伙伴的特长得到发挥，使得合作顺利、默契和愉快。公司善于向合作伙伴学习，并通过与合作伙伴交流产生好的创意。

随着时间的推移，在数据中心设计领域，公司除了拥有施工建设方面的优势以外，在工程设计方面也实现了很大发展。2010年公司已成为该国外公司在亚太地区合作业务量第一的合作伙伴。在十年的深度合作期间，公司共承接了三四十个有影响力的项目，从施工到设计，从技术到管理、再到对整个行业的理解，所积累的经验越来越多，管理者和员工的素质也在不断提升，而合作项目的增加也让公司获得了更多的财务回报。

同时，公司在与外部合作伙伴合作时提倡的"勇于承担"理念也延伸到企业内部团队之间或团队成员之间的合作中。比如，在合作过程中，岗位职责会有一定的交集，公司倡导每个人或每个团队除了做好明确属于自身的工作之外，还要关注并承担交集里的工作。这种做法使得各团队之间、每个团队内各成员之间的沟通更加有效，因此工作效率大幅度提高。十年的积累使得公司在技术、客户和管理等方面都有了很好的基础，这成为2010年后公司高速成长的保障。

（3）第三阶段的实践

在第三阶段（2010年至今）中，公司迅速发展，在自身实力增强的基础上开始整合其他公司的资源，以承接更多项目。公司凭借多年积累，已可以自己面对客户承接项目，负责完成设计和施工建设。随着国家对数字化项目的重视，市场对数据中心的需求不断增加。2012年公司中标的某市大型数据中心项目，是公司自己承接的具有标志性意义的一个项目，这表明公司已具备全面的设计和施工能力。此外，公司还建造了国家航空信息两期的数据中心。2010年以来，公司所承接工程项目的规模都较大，有影响力的项目有二三十个，如近几年某著名互联网公司几乎所有的数据中心，近三年某大公司在某市的数据中心等。

公司在技术上采用了先进的BIM（building information modeling，建筑信息模型）设计体系。BIM具有很多优势，如能够根据设计图纸直接形成建筑物的3D效果图，将建筑模块化、减少施工人数、减轻管理负担，还能提高公司管理合作伙伴的能力。能够利用先进的BIM体系不是一般公司可以做到的，这是公司的一个重要技术优势。不同于土木建筑，数据中心建设不仅要求公司在各业务系统（如机电的安装、暖通的建造等）方面有资质，而且要求公司具有整合各业务系统的能力，并保证完成的工程项目节省能源、具有较高的可靠性。这些要求使得承接数据中心项目具有较高的技术壁垒。经过多年积累，公司在弱电智能化领域的总体资质和分项资质都是业内顶级的，并通过了有关国际认证，在国家数据中心协会制定相关标准上还能发挥一定作用，因此在技术上具有优势。

随着市场机会的不断增加，公司的客户相应增多。在这种情况下，公司不可能亲自实施每个项目。这就要求公司改变经营模式，从对每个项目亲力亲为转变为将大多数项目的实施都外包给合作伙伴。虽然2010年以前公司也有业务分包，但那是不成体系、成本优先的外包。而如今公司已有能力将很多工程做到专业化、模块化，并能在业内整合很多资源，将精力主要集中在管理合作伙伴上，从而有能力承接更多项目。2010年以后，公司在全国近三分之二的省份都拥有了"合作伙伴池"，约80%的项目是选择合作伙伴来完成的。公司在承接了项目后会与客户进行多次详细沟通，明确责任和工期。在签约完成后，根据项目的目标和客户的要求，项目经理会从当地的"合作伙伴池"中选择符合要求的合作伙伴，由它们提供不同方案，据此遴选出合作伙伴。有了本地合作伙伴的资源支撑，公司就能顺利开展项目。公司根据多年经验提炼和总结出全面的控制标准（包括管理标准和工艺标准），并将这些标准做成详细的文档材料，向合作伙伴提供专业的现场指导，以保证外包项目的实施符合公司的标准和规范。同时，公司在进度上严格控制工程的时间节点，保障项目的顺利实施和完成。

一个工程项目的开展需要不同专业领域的合作伙伴。在项目现场，公司会有一个知识全面、经验丰富的项目经理对所有合作伙伴进行管理，并对现场发生的所有问题全权负责。项目经理下面还有不同专业的人员进行现场管理。公司共有300多人负责参与不同项目，每个项目都有20～30个管理人员负责项目的统筹管理，一个管理人员可能同时参与2～3个项目。管理人员同时参与不同项目有助于充分运用各方面的经验、及时发现和解决问题。在这种经营方式下，拥有丰富经验的项目经理是非常重要的，因此公司特别重视项目经理队伍建设和素质提升。在数据中心领域，公司把能够担任项目经理和职能部门经理的人才都找来任职，充分发挥其作用。

公司在承接某个项目时，要么负责设计，要么负责施工，不同时承接两者。这种做法使得客户能够在规则和程序上更好地开展项目，是为客户着想，公司也因此获得了客户的信任。

经营模式的改变也要求公司在资金方面有更强有力的支撑。2017年底，公司制定了未来三年的战略目标：第一个目标，IPO 成功；第二个目标，盈利能力持续提升。进入 2018 年，在资本市场上寻求与公司合作的机构不少于 40 家。但是，公司不只需要要资金，还要合作方在其他资源上匹配，以便自己今后在创新和高速发展的道路上获得更多资源，发展更为稳健。

在内部管理上，公司倡导"平台化运营加自主运营体"。公司有一个形象的比喻：平台化运营就是让传统火车升级为高速动车，让公司的每一业务单元都成为有动力的车厢，并被赋予自主规划的权力，而公司做得更多的是为这个平台上的不同业务单元提供整体支撑和后端保障。公司要求每一业务单元按照自主运营体的方式开展工作。"平台化运营加自主运营体"的经营方式使得高层领导和员工共同管理企业，充分提升了组织成员的积极性和创造性。管理者和员工与公司有共同的利益，公司对管理者和员工提供很强的保障，管理者和员工也在公司的各个岗位上努力工作。这样，公司就能广泛吸纳到各种专业人才，增强竞争能力。

在内部管理上，公司还强调最终结果导向，逐层要结果。每年年初，董事会制定大目标，并将大目标分解为财务目标、销售目标和采购目标等，每个月都要围绕本月目标是否达成开会。上级在向下级要结果的同时，也给予下级支持和授权，让下级充分发挥自主性和管理能力。在考核时，公司关注最终结果。例如，即使某个部门的费用超过预算，但只要这笔费用产生了相匹配甚至超过预期的价值，也会被认可。这种做法促进了管理者和员工自主能力的提升和业务能力的发展。此外，公司在考核和激励方面也有一些好的做法。比如，如果某个项目效益好，那么公司的相关部门或团队都会获得收益。当然，公司也会根据相关部门或团队的投入成本和产出等确定收益分配。在这种机制下，公司不同部门或团队之间形成了良性的既合作又竞争的关系，从而有利于公司的良好发展。

目前公司仍秉承"君子务本"的原则，不断创新，为客户提供更优质的服务，为创建城市智能化生态圈美好生活贡献力量。

3.2.1 维度兼顾的实践方法

原则1：领导者和管理者在制定组织政策和管理实践方面均需要强调对软实力和硬实力的重视，并采取具体的行动和举措。

公司在发展过程中兼顾了软实力和硬实力两个方面的发展。第一阶段，公司就建立了组织文化根基——"君子务本"，这体现了对软实力的重视。公司也在为客户提供良好服务的过程中获得了财务回报，完成了资本原始积累，这体现了对硬实力的重视。在第二阶段，公司要求，无论是与国外公司的合作，还是公司内部团队之间的合作，有关人员都要做到"勇于承担"。对外，公司在与外部合作伙伴合作时多承担一些责任，多做一些原本分工之外的事情；对内，公司要求内部各团队之间或每个团队内的各成员之间合作时关注和承担岗位职责交集里的工作。这种"勇于承担"的管理方法是软实力。在与国外公司合作的过程中，公司学到了先进的数据中心设计理念和方法，培养了一批高素质人才，也获得了财务回报，这是硬实力中人才、财富和技术等方面的积累。在第三阶段，公司同样重视软实力和硬实力的建设。在软实力方面，公司不仅将经营模式转变为发展"合作伙伴池"，将工程建造项目外包给合作伙伴，而且在管理上也创新地提出了"平台化运营加自主运营体"，并强调最终结果导向的绩效管理。在硬实力方面，公司使用了BIM设计体系，并拥有一系列顶级资质。公司还在争取聘来业内更多优秀的项目经理，并努力实施IPO计划。

3.2.2 维度切换的实践方法

原则2：领导者和管理者应该根据组织的内部情况和所处外部环境，对软实力建设和硬实力建设的重要性加以区分和排序，在有些情况下侧重于软实力建设并付诸行动，在有些情况下侧重于硬实力建设并付诸行动，而这需要领导者和管理者不断改变思维和行动的惯性，在必要情况下进行软实力建设与硬实力建设的切换。

所谓"先盖房，后装修"，公司在第一阶段的重心是通过代理销售信息技术产品进行资本原始积累，即重视硬实力的积累。第二个阶段，公司处于学习阶段，特别重视软实力的培养，在与外部的合作和内部合作中强调"勇于承担"的理念和方法。2010年至2017年底，公司的重心还在于软实力的增强，经营模式、内部管理模式都发生了较大的改变。2018年后，公司转而重视硬实力，尤其是关注和资本市场的合作，以求IPO成功。

3.2.3 维度转换的实践方法

原则3：领导者和管理者应有意识地运用组织中已有的软实力或硬实力，使它们相互转换，产生"溢出效应"，即让已有的软实力既发挥作用，又能促进硬实力的提升，或让已有的硬实力既发挥作用，又能促进软实力的提升，并采取措施使软实力与硬实力相互转换，形成良性促进和循环，从而提高组织绩效。

在第一阶段，公司主要经历了软实力到硬实力的转换。"君子务本"的原则使得公司获得了国内客户和国外公司的信任，也由此获得了很好的利益回报。在第二阶段，公司主要经历了软实力到硬实力的转换。公司采取"勇于承担"的工作理念和方法，由此学到了国外公司的先进技术，积累了丰富经验，提升了员工素质，也拥有了更多财富。到了第三阶段，公司在第二阶段积累的人力、财力和技术实力等促使其在经营和管理模式上发生转变——这是硬实力到软实力的转换。经营模式的改变主要体现为将自己在价值链上的位置上移，通过整合合作伙伴的能力承接更多项目；管理方式的转变主要体现在"合作伙伴池""平台化运营加自主运营体"以及强调最终结果导向的绩效管理等方面。当然，公司在第三阶段在经营和管理模式等软实力方面的创新也促使公司在硬实力方面相应增强。比如，努力通过各种渠道获得优秀的项目经理，计划通过IPO获得更多资金，采用先进的BIM设计技术体系和拥有一系列顶级资质。只有将人、财和物等硬实力的增强与经营管理方法等软实力的提升结合在一起，才能促进公司在未来建立竞争优势和保持可持续健康发展。

参考文献

[1] 陈国权. 领导和管理的时空理论 [J]. 中国管理科学, 2017, 25 (1): 181-196.

[2] NYE J S. Soft Power[J]. Foreign Policy, 1990, 80 (80): 153-171.

[3] NYE J S. Soft Power: The Means To Success in World Politics[M]. Public affairs, 2004.

[4] HAMEL G, PRAHALAD C K. Strategic intent[J]. Harvard Business Review, 1989, 67 (3): 63-76.

[5] COLLINS J C, PORRAS J I. Building a visionary company[J]. California Management Review, 1995, 37 (2): 80-100.

[6] COLLINS J C, PORRAS J I. Built To Last: Successful Habits of Visionary Companies[M]. Random House, 2005.

[7] BARNEY J. Firm resources and sustained competitive advantage[J]. Journal of management, 1991, 17 (1): 99-120.

[8] BARNEY J B. Resource-based theories of competitive advantage: a ten-year retrospective on the resource-based view[J]. Journal of Management, 2001, 27 (6): 643-650.

[9] PAELEMAN I, VANACKER T. Less is more, or not? On the interplay between bundles of slack resources, firm performance and firm survival[J]. Journal of Management Studies, 2015, 52 (6): 819-848.

[10] GRANT R M. Toward a knowledge-based theory of the firm[J]. Strategic Management Journal, 1996, 17 (S2): 109-122.

[11] LEONARD-BARTON D. Core capabilities and core rigidities: a paradox in managing new product development[J]. Strategic Management Journal, 1992, 13 (S1): 111-125.

[12] HANSEN M T, VON OETINGER B. Introducing T-shaped managers: knowledge management's next generation[J]. Harvard Business Review, 2001, 79 (3): 106-116, 165.

[13] DOLMANS S A M, VAN BURG E, REYMEN I M M J, et al. Dynamics of resource slack and constraints: resource positions in action[J]. Organization Studies, 2014, 35 (4): 511-549.

[14] SULL D N. Why good companies go bad[J]. Harvard Business Review, 1999, 77 (4): 42-48.

[15] OCASIO W. Towards an attention-based view of the firm[J]. Strategic Management Journal, 1997, 18 (S1): 187-206.

第4章 组织的时间动态分析

4.1 基于时间动态分析的模型

笔者认为[1],随着时间的推移,组织的内部情况和外部环境会发生动态变化。在这些变化中,一种是可预测的和确定性的变化,遵循已发现的规律;另一种则是不可预测的和不确定性的变化,不遵循现有的规律。

首先,从内部情况看,组织会在不同层次和不同维度上发生变化:在层次方面体现为个体、群体和组织等层次上的变化;在维度方面体现为软实力、硬实力等维度上的变化。如果分别以层次方面的变化和维度方面的变化为矩阵的两条边,能够通过排列组合得出组织内部各种类型的变化,譬如组织中某个体的个性、能力、价值观和态度等方面的变化,团队中的人、财和物等方面的变化,组织的战略定位和发展路径、利益和权力的分配方式、信仰和价值观的内容等方面的变化。组织的发展和生物体的生长有些类似。以人的生长过程为例:在细胞分裂时,大部分细胞在分裂过程中遵循遗传规律,正常分裂使得数量增加,人得以发育成长;但是,某些细胞也可能在某些特殊情况下发生突变。如果不及时减少或清除人体内出现的变异细胞,那么当这些变异细胞的数量和浓度达到一定程度时就会聚集在一起，形成不良组织，导致人体产生疾病。可见，人的生长发育过程同时存在两种变化——遗传和变异带来的变化。其中，基因正常遗传带来的变化在多数情况下是可预测的、确定的、有规律的，而变异带来的变化在很多情况下则是不可预测的、不确定的、无规律可循的。

其次，从外部环境来看，组织面临的政治、经济、社会和科技等环境因素随着时间的推进不断发生变化。同样，有些变化是可预测的、确定性的，遵循已发现的规律。例如，政治、经济和社会等方面的变化常常表现出周期性特点，如国家间合作与竞争关系的循环变化、经济的周期性发展、社会文化和价值观的向前发展和向后回归等。然而，有些变化则是不可预测的、不确定性的，不遵循已发现的规律，超出了人们现有认知能力的范围。譬如，随着时代的变迁，人类有时会遇到前所未有的变化。在人类历史上，多次重大的科技革命极大地改变了人们的工作和生活方式；人类赖以生存的环境（包括资源、气候、地质状况和生物物种等）的变化给人们带来巨大的冲击，不断刷新人们对自然环境的认知。美国作家塔勒布（Nassim Nicholas Taleb）在所著的《黑天鹅》一书中提到的"黑天鹅"现象，实际上就是一种不确定性的体现，而这种不确定性会对个体、群体、组织乃至整个社会产生重大影响。

领导者和管理者在面临内部情况和外部环境中不同类型的变化时，应该采用不同的应对策略。

领导者和管理者在面临可预测的和确定性的变化时，需要通过学习来应对，包括通过内部学习（从自身的经验中学习）和外部学习（从自身之外的经验中学习），利用已有的知识和经验，以解决遇到的问题，使组织顺应规律而成长壮大。领导者和管理者进行内部学习时需要总结内部经验、进行深层次思考，并将这种思考的结果付诸行动。具体而言，内部学习可以包括回顾初始目标、评估现有结果、分析初始目标与现有结果相同或不同的原因、总结经验和教训、提炼规律和知识、采取具体行动和举措等步骤。领导者和管理者进行外部学习时需要找到外部参照对象，做到"见贤思齐，见不贤而内自省"（出自《论语》），即既要学习外部好的做法和经验，也要了解外部出现的问题并吸取教训、引以为戒。综合外部的经验和教训，结合自身的具体情况，开展调整和变革等方面的具体工作。

领导者和管理者在面临不可预测的和不确定性的变化时，需要通过创新来应对。创新包括通过发挥想象力、开展试验性的活动来应对挑战和机会，使组织获得新生并变得更加强大。在发挥想象力方面，领导者和管理者需要运用发散思维、类比思维、逆向思维和辩证思维等方式，开展头脑风暴、"世界咖啡屋"和情景规划等活动，与具有不同背景、经历、专业、知识和经验等的人进行交流并从中得到启发，以便得到应对全新变化的想法、主意和思路。在开展试验性的活动方面，领导者和管理者需要在某个局部点上将创新的想法付诸实践、观察效果，再进一步扩大范围，在更多局部点上进行试验。这种创新的做法类似于"摸着石头过河"。有了更多的试验样本和结果，就可从中总结一些大致规律并不断修订、优化和完善，据此在更大范围内实施创新的想法并观察结果，注意随时总结和调整，直到创新取得一定成效。

上面重点阐述了领导者和管理者自身在面临可预测的和确定性的变化时的学习方法，以及在面临不可预测的和不确定性的变化时的创新方法。事实上，在一个组织中，除了领导者和管理者以外，其他员工也是学习和创新的主体。领导者和管理者除了自己在学习和创新上身体力行之外，还需要充分发挥员工在学习和创新上的积极性和主动性，这样才能使整个团队或组织的学习和创新能力大大增强。领导者和管理者可以通过制定有效的招聘、培训、考核、薪酬和激励政策，以及调整组织的结构、流程和制度等，提高组织中人们的学习能力和创新能力，鼓励他们开展学习和创新活动，从而提高整个组织的学习和创新活动的成效。

综上所述，本章认为领导者和管理者在对组织进行动态分析时需要考虑学习和创新两种基本活动。进一步进行类型划分：学习包括内部式学习和外部式学习；创新包括想象式创新和试验式创新。动态分析中的学习和创新两种基本活动及其各自包含的具体类型如图4-1所示。需要说明的是，研究者可以采用不同的方式对学习和创新各自包含的类型进行细分。本章从认知和行为的角度对学习和创新各自包含的类型进行细分，旨在强调认知和行为的分析视角对深入研究学习和创新的重要意义。

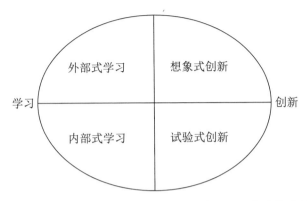

图 4-1 动态分析中学习和创新两种基本活动及其具体类型

4.1.1 动态兼顾

"领导和管理的时空理论"中提出了"六知"思想,即"知微知彰,知柔知刚,知常知变"。其中,在"知常知变"中,"知常"代表学习,"知变"代表创新。领导者和管理者需要认识到,组织在发展过程中遇到的变化有可预测的和确定性的部分,也有不可预测的和不确定性的部分,因此应对学习和创新都加以关注。

人们对学习和创新分别进行了一定研究,限于篇幅,本章只做简要论述。Senge[2]特别强调学习对组织的重要意义,提出了学习型组织的概念。PérezLópez 等[3]通过对西班牙的 215 家企业进行实证研究发现,组织学习对非财务绩效有直接影响。同样,García-Morales、Matías-Reche 和 Hurtado-Torres[4]、Rhodes、Lok 和 Yu-YuanHung 等[5]都得出了组织学习与非财务绩效之间存在直接相关关系的结论。还有一些研究发现,组织学习能力对组织绩效、创新绩效等有显著的正向影响[6-9]。

Drucker[10]特别重视创新的意义和价值,提出了创新型组织的概念。Hargadon[11]进一步探讨了如何建立创新型工厂。有学者还根据程度将创新分为渐进性创新(incremental innovation)和根本性创新(radical innovation)[12]。

渐进性创新是一种逐步的、量变式的创新，其成功率相对较高；而根本性创新是快速的创新，会对现有系统产生较大冲击，是一种质变式的创新，其风险相对较高。一些研究发现，新的知识和技能可以提高组织开发新产品或服务的能力、更有效利用现有产品或服务以及降低成本的能力，从而提高组织效率，使组织保持竞争优势[13-15]。

还有研究发现，学习和创新共同影响组织绩效。譬如，Garcia-Morales、Jiménez-Barrionuevo 和 Gutiérrez-Gutiérrez[16]发现：变革型领导通过组织学习和组织创新正向影响组织绩效；组织学习既可以直接影响绩效，也可以通过组织创新间接影响绩效；组织创新对绩效也有正向影响。

从一些企业实例中也可以看出学习和创新对组织的重要影响。

通用电气公司（以下简称"通用电气"）从创建至今一直是传承学习与突破创新并驾齐驱。作为全球领先企业，通用电气一直受人关注。从一些已出版书籍中能看到它在学习和创新方面的实践[17-18]。通用电气重视从外部学习好的方法。譬如：学习小企业的灵活性，让通用电气充满活力、更加高效；将其他公司发明的六西格玛（6Sigma）方法有效运用于内部，对企业发展起到了非常重要的作用。通用电气特别重视在组织内部相互学习、借鉴好的做法和经验。同时，它还特别重视开拓创新，如不断开发创新产品和技术，改进经营管理体系，创新性地建立了"数一数二战略""无边界组织"等管理制度。学习和创新使得通用电气一直处于行业领先位置。

壳牌石油公司（以下简称"壳牌"）在成立后的很长一段时间里专门研究了与壳牌规模大小相当的全球公司，发现并总结了公司能够长寿的四个原因，并写进了《长寿公司——商业风暴中的生存方式》（*The Living Company*）[19]一书中。这四个方面是：对环境敏感，始终与环境保持和谐关系；具有很强的凝聚力；宽容，强调一定程度的多样化；偏保守的财政政策。从外部公司的经验中学习和总结对壳牌的健康发展起了重要作用。不仅如此，壳牌还特别强调创新，设立了情景规划小组[20]，研究弹性战略以应对公司未来可能发生的情形以及其他出人意料的事情。情景规划帮助壳牌度过了多次危机，如1972年的"能源危机"、1986年的石油价格崩溃危机、21世纪市场自由化、经济边界瓦解。壳牌将军事演习的情景规划方法运用于商业中，并不断结合所处的时代背景调整情景规划的考虑范围，不断进行外部学习，从而进行创新和变革。壳牌的领导者和管理者对学习和创新都很重视，使得壳牌成为一个卓越的公司。

总之，领导者和管理者需要同时重视学习和创新。一方面，如果领导者和管理者只注重学习而忽略了创新，那么虽然企业已有的管理系统和技术等在现有条件下可能是足够的，但是一成不变的思想会成为思维突破的桎梏，阻碍创新，使得企业难以在复杂变化的环境中做出相应的调整。另一方面，如果领导者和管理者过多地关注创新，将太多的精力和资源放在创新上，那么频繁的创新变化很容易让组织总是处在动荡中，缺乏基本的稳定性，这不利于组织在经营管理上获得具体成效。因此，领导者和管理者应该将学习（类似传承）和创新（类似变革）相结合，如此组织才能在稳健的基础上取得突破。

综上，本书得出命题4.1。

命题4.1：领导者和管理者既要重视学习，又要重视创新。

4.1.2 动态切换

领导者和管理者在一定条件下的时间、精力和注意力都是有限的[21]，组织中有价值的、稀缺的、难以完全模仿的和无法替代的资源在一定情况下也是相对有限的[22]。根据权变理论（contingency theory）的观点，组织需要根据不同的内部条件和外部条件采取不同类型的组织设计[23]和领导方式[24]。领导是一个动态过程。Fiedler[24]认为，领导的成效取决于领导者的风格与领导者对情境控制的匹配程度，匹配程度越高，领导成效越好。因此，领导者和管理者需要根据组织的实际情况在学习和创新两个方面抓住重点或痛点，合理分配资源，在学习与创新之间调整侧重点。领导者和管理者需要在组织所处的不同发展阶段和不同环境下对具体情况进行分析判断，认识到需要关注的重点问题，在学习和创新之间进行切换。

例如，对于传统行业（如银行业、航空服务业等）的公司而言，在初始阶段，领导者和管理者应将重点放在迅速地学习和掌握该行业中产品和服务的类型与特征，以及相应的行业规则、管理方法和流程制度，大量借鉴被证明成熟且行之有效的做法，使公司尽快运作起来，并实现盈利。而当公司发展到一定阶段，拥有了一定的经验和财力时，领导者和管理者应该积极采取措施促进组织在产品、服务以及经营管理方式方面进行创新，开辟"蓝海"，形成有特色的、难以被外界模仿的竞争优势。我们从近些年国内一些新成立的银行和航空公司的发展过程可以看到，领导者和管理者在不同阶段对学习或创新的重视程度是不一样的。一般情况下，这些组织的领导者和管理者在公司开始阶段重视学习，在公司发展到一定阶段后则重视创新。

当然，有时我们也会看到与上面不同的情况。当一个公司进入全新的领域或行业时，领导者和管理者可能在最初阶段就会大胆创新，开发全新的产品、服务和平台，采用全新的经营管理方式。譬如，阿里巴巴网络技术有限公司的领导者和管理者从一开始就要创造一个基于互联网的商业平台；腾讯计算机系统有限公司的领导者和管理者开创了基于互联网的社交平台。当这些公司发展到一定阶段时，它们已具备一定的规模（如人员和财富等），公司的领导者和管理者开始总结过去的经验，从自身以往的经验中学习，同时会从外部相关或不相关的行业组织的经验中学习，甚至会派领导者和管理者去教育机构进行学习和参加培训，或邀请外部顾问，听取他们对公司发展方面提出的问题和建议。

综上，本书提出命题4.2。

命题 4.2：领导者和管理者要根据实际情况，在有些情况下侧重学习，在有些情况下侧重创新，且要善于在学习与创新之间自如切换。

4.1.3 动态转换

学习和创新在一定条件下是可以互相促进的,学习会促进创新,创新也会促进学习。

关于学习促进创新,学者们进行了较多的实证研究。譬如,Weerawardena、O'Cass 和 Julian[25] 发现,相对于关注内部和关系的学习能力,关注市场的学习能力会中介行业结构对组织创新的影响,并进一步促进品牌表现。Alegre 和 Chiva[26] 的研究表明,组织学习能力及其实验、冒险、外部环境互动、对话和参与式决策五个维度会有效促进创新效能和效率的提高。Salim 和 Sulaiman[27] 发现,组织学习能够促进创新。关于创新促进学习,学者们研究得较少。Sears[28] 通过实验研究发现,带有创新成分的任务能够促进学习。

本书认为,学习和创新是可以互相促进和转换的。一方面,人们具有创新的动机,会促进学习行为的产生,因为只有在通过学习充分了解过去和现在的情况、弄清尚未解决的问题后,才能进行创新和突破。另一方面,人们已经学习得到的知识和经验可使之更好地了解过去和现在的工作进展和成果,可以据此划出边界——前人已做的工作都在边界之内,未做的工作都在边界之外。因此,学习会帮助人们找到边界,知道未来创新的方向和目标;同时,通过学习掌握的知识和技能有助于将创新的目标变成现实。因此,学习和创新是可以相互促进和转换的。

从杜邦公司(以下简称"杜邦")的例子中我们看出,学习可以促进创新。杜邦在早期生产黑火药时发生了许多事故,它从中吸取经验教训,建立了安全数据统计制度,安全管理也从定性管理逐渐发展到定量管理。如今,凭借百年积累的安全管理经验和实践,杜邦作为一个火药生产商,在开展传统业务的同时还成功地开发出了安全管理咨询业务,目前已为全球超过 300 万企业员工提供了安全管理培训。

我们还可从华为技术有限公司(以下简称"华为")的例子中看出,创新可以促进学习。华为是全球通信设备领域的著名企业。在技术和管理上不断进行创新、保持领先,是华为坚持不懈的目标和追求。然而,华为并不是盲目地进行创新。为了能够实现创新目标，华为的领导者和管理者特别强调开展全方位的学习，包括从内部和外部已有的知识和经验中学习。为此，本章总结提出，华为强调要避免两种浪费。第一，要避免浪费宝贵的时间，重复做外部世界已做过的事情。对此，华为强调应努力向外部先进的组织学习其产品和生产技术以及经营管理的思想、方法、流程和制度。为此，华为不惜花巨资请外部组织提供咨询服务。第二，要避免浪费宝贵的经验，重复内部曾做过的探索和尝试。对此，华为强调应充分记录以往所做的各种事情，总结经验和教训并形成案例库、数据库和知识库，好的做法要学习，不好的做法要引以为戒、努力避免。华为对创新的追求促进其努力地从内外部的经验中学习。而这种学习也使得华为能对历史和现状有更全面的认识，更清楚地发现新的领域，站在更高的起点上进行创新。

综上，领导者和管理者需要建立一种有效的机制，促使学习与创新相互正向推动，既能让组织的学习促进创新，又能让创新促进学习。对此，本书提出命题4.3。

命题4.3：领导者和管理者要根据实际情况，在有些情况下侧重于将学习转换为创新，在有些情况下侧重于将创新转换为学习，建立前后相随①、良性互动的流程和体系。

4.2　基于时间动态分析的方法

本节根据前文的理论命题，提出领导者和管理者基于动态分析思维的实践方法，主要体现为三个实践原则，并以天津沃健传动科技公司（以下简称为"沃健公司"）为例进行具体阐述。

沃健公司成立于2010年，是一家提供智能工业装备及服务的高新技术企业。该公司的业务主要包括两大方面：一是传动设备、驱动部件及其驱

---

① 来自《道德经》："故有无相生，难易相成，长短相较，高下相倾，音声相和，前后相随。"

动系统、变频器的技术开发、技术咨询和技术服务；二是智能设备、智能监控系统的技术开发、技术咨询和技术服务。该公司与国内外知名企业建立了长期稳定的合作关系，为煤炭、电力、港口、钢铁和化工等工业领域的企业提供产品和服务。该公司的创始人在创立公司前有过两段工作经历：一是在外资公司担任职业经理人的经历；二是第一次创业经历。因此，该创始人的职业生涯发展大致可划分为三个阶段：第一阶段，1992年前后至2008年；第二阶段，2008至2010年；第三阶段，2010年至今。下面对该创始人在上述三个职业生涯发展阶段中在学习和创新方面的实践进行阐述。

（1）第一阶段的实践

在第一阶段，创始人先后在三家外资公司工作，担任职业经理人职务。这三家外资公司是传动设备领域的优秀企业。创始人参与了这三家公司在国内的发展。这三家公司虽处于同一行业领域，但是在管理等方面却各有特色。譬如，在接待客户的方式上：一家公司的员工到机场接客户时在白纸上写着客户的名字；一家公司的员工则是拿着写着"公司欢迎您"字样的彩色牌子。在经营理念上：一家公司一直强调要做利国利民的事情，产品要便宜、服务要好，要站在客户角度思考问题，尽可能地为客户多做些事情；一家公司则采用了与之不同的理念。创始人在这三家外资公司任职的十几年中学习了很多管理方法，积累了丰富的管理经验，在此基础上根据国内的具体情况在自己的工作岗位上进行了一些创新，并取得了很好的业绩。

2004年，创始人在最后一家外资公司任职期间还到国内某知名大学进行了工商管理方面的学习和深造。他将所学的理论知识联系所任职公司的管理实践，总结经验，提出了公司在管理方面的创新建议和改进措施，但因种种原因没有付诸实践。2008年，创始人离开任职公司开始创业。

（2）第二阶段的实践

在第二阶段，创始人秉承"将企业做到世界一流"的理念进行创业。创始人首先对南方沿海地区企业进行了详细调研，认识到国内机械工业发展迅速，国内市场上不仅对高精尖的传动设备等有很大需求，而且具有一定的生产这些设备的能力。据此，他打算运用以往在几家公司任职过程中积累的管理和市场等方面的经验创办一家企业。企业的经营模式可以概括为自主设计和销售产品、外包代工生产,也就是自己负责产品的设计和销售,将产品的制造和装配都外包给合作伙伴。这种经营模式取得了一定成效,但也出现了一些产品的质量达不到标准的问题。例如,生产厂家在加工过程中对齿轮的磨洗次数不够、用户厂家在使用产品时发现漏油等问题。这些情况的出现使得公司的产品在市场上缺乏竞争力。创始人进行总结和反思,发现外包代工的经营模式没有带来预期效益的主要原因是,从事代工的合作伙伴企业的制造技术达不到标准、对产品质量的重视程度和管理方法达不到要求。

在这个阶段,创始人将在第一阶段积累的经验运用于创业企业,同时对经营模式进行了创新——自主设计和销售产品、外包代工生产。创始人通过这一次创业经历认识到将所有的生产加工业务进行外包的经营模式并不能带来预期效益,并对如何成功地创业有了更深刻的体会,于是决定改变经营模式,再次创业。

(3)第三阶段的实践

在前两个阶段经验积累和沉淀的基础上,创始人于2010年创立了第二家公司。

由于第一次创业采取的全部代工的经营模式没能保证产品质量和带来预期效益,因此创始人在第二次创业时决定采用新的经营模式,即将自己生产与外包代工相结合。公司按照行业标准建立厂房、购置设备,创建了系统的生产制造方法、生产工艺规范、质量管理措施以及组织管理体系等。公司自己负责完成价值链条中对产品质量影响最大、附加值最高的生产工序,即从事核心零部件的精加工和最后的总装配。比如,公司完成核心零部件的最后一道工序——精加工磨齿。这是非常关键的一道工序,也是投资最大、价值最高的一道工序。公司还自己完成总装配工序。为了完成关键零部件的加工和最后的总装配,公司购买了先进的专业设备(很多为进口设备),如重型吊车、铣床、清洗机、加热炉、轴承加热机、组合监测仪和加载试车设备等。合作伙伴企业则负责完成零部件制造中一些非关键的生产工序。

公司采取自己生产与外包代工相结合的经营模式，既保证了产品的最终质量，也控制了成本。

在员工薪酬激励方面，为了吸引行业内有丰富经验的专业人员加入公司，创始人设置了高于行业平均水平的基本工资标准——这是公司在薪酬激励方面的创新。其中，在奖金设置方面，创始人吸取了以往在外资公司工作的经验。在创始人曾供职的两家外资公司中，一家公司销售人员的薪酬激励机制是基本工资高、业绩奖金低，而另一家则是基本工资低、业绩奖金高。两种不同的激励机制带来了不同的销售业绩。相比而言，采取"低基本工资和高业绩奖金"的公司的销售业绩好于采取"高基本工资和低业绩奖金"的公司的销售业绩。创始人在总结以往在外资公司工作经验的基础上，重视业绩奖金的激励作用，也就是在确定员工总收入时，让基于业绩的奖金在其中占比较高。设置较高的基本工资和较高的业绩奖金，使得公司既能吸引也能激励许多经验丰富的专业人才。

创始人在外资公司任职的经历使得他意识到尊重员工的重要性，于是他将"尊重"作为公司核心价值观的重要组成部分，并在工作中践行这种价值观。比如，在创办初期，公司有20多位员工，后来这些员工全部受邀参与了公司开业庆典仪式，每个员工都在仪式中深刻体会到了公司对他们的尊重。另外，创始人还特别强调务实。比如，在会议发言方面，公司提出了创新性的会议发言制度：一是要求在绝大多数情况下会议发言要从年轻、职位低的员工开始；二是要求员工在发言中提出实质性、建设性的建议，在会议中没有提出建设性建议的员工很可能在以后不会给予参加相关会议的机会，而发言多且提出建设性建议的员工不仅以后有更多机会参加会议，还可以获得红包奖励。

创始人还运用以往的工作经验，在客户管理工作方面进行了一定的创新。譬如，创始人通过对比曾任职的不同外资公司在接待客户来访工作方面的差异和影响后，非常重视接待客户来访工作，要求将客户走访公司时会到达的每个场景的活动标准化，主要包括两个方面的内容：一方面，每个场景对应的讲解内容要标准化；另一方面，讲解要展现公司的民族品牌意识和民族企业情怀。另外，公司在给客户制作宣传品和礼品时，要求有创新和变化，如纸质宣传品和礼品的印刷从原来常采用的单面印刷改成双面印刷，这样不仅节省材料、利于环保，而且具有宣传功能和实用价值。比如，公司制作的贺卡和鼠标垫等的一面是公司的宣传内容，另一面则是实用的日历。

在第三阶段的初期，公司主要生产制造产品。在后来的发展过程中，公司一直在寻找创新点，发现客户新的需求，为客户提供新的产品和服务。比如，某客户在使用产品的过程中频繁遇到冷却盘管堵塞的问题，这种故障只能在地下维修时排除，无法在地面上进行操作排除，因此维修特别费时、费力。公司在发现了这个问题后进行了产品创新，创造了抽屉式水管，使得产品维修能在地面上进行，满足了客户需求。又如，以往客户的设备出现故障时主要是靠人工检测，即让工人使用仪器对设备进行检测。然而，人工检测的成本较高，且往往难以全面掌握设备内部情况。以往一般情况是：当设备不能正常运转后，才知道设备内部出了故障，此时生产线必须停止运转，影响客户的生产经营。于是，公司突破了传统的人工检测做法，采用了创新的方法，事先在设备的有关部位安装传感器，并将这些传感器连接到信息分析处理系统，从而实现实时监控并显示设备运行状态。监控系统中，不同的颜色显示不同的设备状态，"绿色"代表运行正常，"黄色"代表运行异常，"红色"代表发生故障。当设备运行异常时，公司的监控管理平台会根据设备运行异常程度发出不同等级的预警，并及时提出措施以避免或减少损失。公司建立该系统的目的是帮助客户解决设备运行和维护问题。公司通过动态获取和分析数据，向客户提供设备的运行状态信息以及出现异常和故障时的解决方案。后来，公司进一步开发了更为实时、便捷和直观的可视化设备状态检测服务系统，如可在手机上使用的可视化健康管理平台应用软件。公司希望对客户的生产线进行升级，即从自动化的生产线升级成智能化的生产线。此时，公司不仅生产销售多种产品（如减速机、电机、轴承、多频阻、刮板机、激振器和空压机等），而且在这些产品上安装了传感器，运用人工智能算法获得和传送设备运行状态信息，并预测设备未来可能出现的情况，帮助客户实现了生产线的智能化升级改造。在帮助客户进行生产线的智能化升级改造后，公司还会为客户持续提供服务，远程监测客户设备的健康状况，并提出具体的设备维护方案。目前，公司建立了"设备智能健康管理系统"，为几十家客户企业提供运行和维护方面的服务。因此，公司让传统的实体制造业务和当代的设备智能健康管理系统业务并存且相互支持，也是在产品和服务管理方法上的重要创新。

除了在产品和服务方面的创新以外，公司还在组织管理方面进行了创新。目前公司同时实行两种管理体系：一种是面向生产制造实体产品的管理体系，采用管控型管理方式，即要求下属完成上级要求的工作安排；另一种是面向提供设备智能健康管理服务的管理体系，采用赋能型管理方式。公司让面向生产产品和提供服务的两种管理体系并存且相互融合，也是在组织管理方式上的重要创新。

从上文论述中还可以看出，公司在为客户生产和提供产品的过程中不断了解客户在使用产品过程中存在的问题，开展产品创新，特别是服务创新，即为客户提供设备运行状态信息和维护方案，帮助客户减少损失、提高效益。

为了对所建立的设备智能健康管理系统进行持续的改进和创新，公司还主动开展学习活动。一是主动向知名大学学习、开展科研合作；二是派出团队参加相关的技术展览会等，学习先进技术。公司还要求员工经常开展复盘活动。譬如，员工从客户企业调研回来后，会与相关部门人员一起进行复盘，也就是对以往的决策和行动进行总结和反思。通过复盘，员工们会产生很多好的创意，有助于促进产品、技术和业务流程等方面的创新。

4.2.1 动态兼顾的实践方法

原则1：领导者和管理者应该兼顾学习和创新，并采取实际行动。

从上文论述可以看出，创始人对学习和创新一直都很重视，并有具体的行动和措施。

在第一阶段，创始人不仅在三家外资公司学习了很多的管理方法，积累了丰富的管理经验，而且到国内知名大学系统地学习了工商管理方面的知识。同时，创始人根据国内的具体情况在工作岗位上进行了一些创新并取得了很好的业绩，还提出了公司在管理方面的创新建议和改进措施。

在第二阶段，创始人进行了第一次创业。他回顾了以往在几家公司任职过程中积累的工作经验，并分析和总结了针对南方沿海地区企业所做的市场需求和产能状况的调研结果，在这两方面学习的基础上对经营模式进行了创新——自主设计和销售产品、外包代工生产。

在第三阶段，创始人第二次创业。他学习并总结了第一次创业的经历，创新了经营模式——将自己生产与外包代工相结合，自己从事核心零部件的精加工和最后的总装配，合作伙伴企业负责完成零部件制造中一些非关键的生产工序。他还学习行业标准，创建了系统的生产制造方法、生产工艺规范、质量管理措施以及组织管理体系等。在员工薪酬激励方面，他在基本工资设置上进行创新，设置了高于行业平均水平的基本工资标准以吸引人才。在奖金设置方面，他学习并吸取了以往外资公司的经验，让基于业绩的奖金在员工收入中占较高的比例，以此来激励员工。在文化管理方面，他分析了第一阶段中担任职业经理人的经验，将"尊重"作为公司核心价值观的重要组成部分，并提出了创新和务实的会议发言制度等。在客户管理方面，他总结了以往的工作经验，将客户走访公司的接待活动标准化，在给客户制作宣传品和礼品的同时突出宣传功能和实用价值。他不断分析和总结客户使用产品和服务过程中存在的问题，对产品和服务进行创新。例如：创造了抽屉式水管产品，使客户的设备维修更为方便；构建了"设备智能健康管理系统"，为客户提供远程的设备运行状态监控信息和维护方案，使客户的设备运行和维护更有成效。他在产品和服务管理方法方面进行创新，使传统的实体制造业务与当代的设备智能健康管理系统业务并存，并使两者相互支持。他在组织管理方面进行创新，使面向生产产品和提供服务的两种管理体系并存且融合在一起。公司重视对设备智能健康管理系统进行持续改进和创新，通过与知名大学合作和参加技术展览会进行学习。公司经常开展复盘式的学习反思活动，并在产品、技术和业务流程等方面进行创新。

4.2.2 动态切换的实践方法

原则2：领导者和管理者应该根据组织的内部情况和所处的外部环境，在必要时对学习和创新的重要性进行区分和排序，在有些情况下强调学习并付诸行动，而在有些情况下强调创新并付诸行动；这需要领导者和管理者不断改变思维和行动的惯性，在必要时进行学习与创新之间的切换。

在第一阶段，创始人的重点是学习。创始人曾供职的三家外资公司是国际传动行业中的优秀企业，创始人在其任职的十几年期间学习和积累了丰富的市场和管理等方面的知识和经验，同时在国内知名大学系统地学习了工商管理知识。

在第二阶段，创始人进行第一次创业，以创新为主，采用了创新性经营模式——自主设计和销售产品、外包代工生产。

在第三阶段，创始人在公司创立伊始的重点是学习。比如，学习第一阶段在外资公司的工作经验，总结第二阶段的创业经历，学习运营工厂的行业标准等。然后，创始人以创新为主。比如，创新了经营模式——将自己生产与外包代工相结合，创建了系统的生产制造方法、生产工艺规范、质量管理措施以及组织管理体系等，创建了"高基本工资和高业绩奖金"的薪酬激励制度，将"尊重"作为公司核心价值观的重要组成，并提出了创新和务实的会议发言制度，创新性地将客户走访公司的接待活动标准化并突出宣传品和礼品的宣传功能和实用价值，创造了抽屉式水管产品，创建了"设备智能健康管理系统"，在产品和服务管理方法上进行创新，在组织管理上进行创新。

4.2.3 动态转换的实践方法

原则3：领导者和管理者应该充分地发挥学习和创新的作用，并使它们之间相互转化，产生"溢出效应"；既让学习促进创新，又让创新促进学习；采取有效的措施建立学习和创新前后相随、良性互动的流程和体系，从而提高组织成效。

在第一阶段，创始人在外资公司任职期间的学习促使他根据国内情境在自己的工作岗位上进行创新；创始人在国内某知名大学对工商管理知识的系统学习促进了他发现管理工作上的不足，提出了公司在管理方面进行创新的建议。

在第二阶段，创始人学习以往获得和积累的管理与市场等方面的经验，分析和总结对南方沿海企业的调研结果，促进其创新经营模式——自主设计和销售产品、外包代工生产。

在第三阶段，创始人学习并总结第一次创业经历，促进其创新经营模式——将公司自己生产和外包代工相结合，即公司从事核心零部件的精加工和最后的总装配，而合作伙伴企业负责完成零部件制造中一些非关键的生产工序。他学习行业标准，创建系统的生产制造方法、生产工艺规范、质量管理措施以及组织管理体系等。他学习以往在外资公司中工作的经验，促进了奖金设置方面的创新，使根据业绩确定的奖金在员工收入中占较高比例。他学习第一阶段担任职业经理人的经验，将"尊重"作为公司核心价值观的重要组成，并提出了创新和务实的会议发言制度等。他学习并总结以往的工作经验，创新性地将客户走访公司的接待活动标准化，并在给客户制作宣传品和礼品时同时突出宣传功能和实用价值。他分析并总结客户使用产品和服务过程中存在的问题，促进了对产品和服务的创新、对产品和服务管理方法的创新，以及组织管理方面的创新。他对设备智能健康管理系统持续改进和创新的动机，促进了公司通过与知名大学合作和参加技术展览会进行学习。他经常开展复盘式的学习反思活动，促进了产品、技术和业务流程等方面的创新。

参考文献

[1] 陈国权. 领导和管理的时空理论 [J]. 中国管理科学, 2017, 25（1）: 181-196.

[2] SENGE P. The Fifth Discipline: The Art and Practice of the Learning Organization[M]. New York: Doubleday, 1990.

[3] PÉREZ LÓPEZ S, MANUEL MONTES PEÓN J, JOSÉ VAZQUEZ ORDÁS C.

Organizational learning as a determining factor in business performance[J]. The learning organization, 2005, 12 (3): 227-245.

[4] GARCÍA-MORALES V J, MATÍAS-RECHE F, HURTADO-TORRES N. Influence of transformational leadership on organizational innovation and performance depending on the level of organizational learning in the pharmaceutical sector[J]. Journal of Organizational Change Management, 2008, 21 (2): 188-212.

[5] RHODES J, LOK P, YU-YUAN HUNG R, FANG S.C. An integrative model of organizational learning and social capital on effective knowledge transfer and perceived organizational performance[J]. Journal of workplace learning, 2008, 20 (4): 245-258.

[6] BAKER W E, SINKULA J M. Learning orientation, market orientation, and innovation: integrating and extending models of organizational performance[J]. Journal of market-focused management, 1999, 4 (4): 295-308.

[7] TSAI W. Knowledge transfer in intraorganizational networks: effects of network position and absorptive capacity on business unit innovation and performance[J]. Academy of management journal, 2001, 44 (5): 996-1004.

[8] LICHTENTHALER U. Absorptive capacity, environmental turbulence, and the complementarity of organizational learning processes[J]. Academy of Management Journal, 2009, 52 (4): 822-846.

[9] HE Z L, WONG P K. Exploration vsexploitation: an empirical test of the ambidexterity hypothesis[J]. Organization science, 2004, 15 (4): 481-494.

[10] DRUCKER P F. Chapter sixteen: the innovative organization[M]// People and Performance: The Best of Peter Drucker on Management[M]. Boston: Harvard Business School Press, 2007.

[11] HARGADON, A. Building an innovation factory[J].Harvard Business Review, 2000, 78 (3): 157-166.

[12] CHRISTENSEN C M. The Innovator's Dilemma: When New Technologies Cause Great Firms to Fail[M]. Bonston, MA: Harvard Business School Press, 1997.

[13] GRANT R M. Prospering in dynamically-competitive environments: organizational capability as knowledge integration[J]. Organization Science, 1996, 7 (4): 375-387.

[14] GOLD A H, MALHOTRA A, SEGARS A H. Knowledge management: an organizational capabilities perspective[J]. Journal of Management Information Systems, 2001, 18 (1): 185-214.

[15] LEE H, CHOI B. Knowledge management enablers, processes, and organizational

performance: an integrative view and empirical examination[J]. Journal of Management Information Systems, 2003, 20 (1): 179-228.

[16] GARCÍA-MORALES V J, JIMÉNEZ-BARRIONUEVO M M, GUTIÉRREZ-GUTIÉRREZ L. Transformational leadership influence on organizational performance through organizational learning and innovation[J]. Journal of Business Research, 2012, 65 (7): 1040-1050.

[17] SLATER R. The GE Way Fieldbook[M]. New York: McGraw-Hill Companies, Inc., 2000.

[18] WELCH J, WELCH S, Winning[M]. HarperCollins, 2002.

[19] DE GEUS, A. The Living Company[M]. Boston, MA: Harvard Business School Press, 1997.

[20] CORNELIUS P, VAN DE PUTTE A, ROMANI M. Three decades of scenario planning in Shell[J]. California Management Review, 2005, 48 (1): 92-109.

[21] OCASIO W. Towards an attention-based view of the firm[J]. Strategic Management Journal, 1997, 18 (S1): 187-206.

[22] BARNEY J. Firm resources and sustained competitive advantage[J]. Journal of Management, 1991, 17 (1): 99-120.

[23] DRAZIN R, VAN DEN VEN A H. Alternative forms of fit in contingency theory[J]. Administrative Science Quarterly, 1985, 30 (4): 514-539.

[24] FIEDLER F. Validation and extension of the contingency model of leadership effectiveness: a review of empirical findings[J]. Psychological Bulletin, 1971, 76: 128-148.

[25] WEERAWARDENA J, O'CASS A, JULIAN C. Does industry matter? Examining the role of industry structure and organizational learning in innovation and brand performance[J]. Journal of Business Research, 2006, 59 (1): 37-45.

[26] ALEGRE J, CHIVA R. Assessing the impact of organizational learning capability on product innovation performance: An empirical test[J]. Technovation, 2008, 28 (6): 315-326.

[27] SALIM I M, SULAIMAN M. Organizational learning, innovation and performance: a study of Malaysian small and medium sized enterprises[J]. International Journal of Business and Management, 2011, 6 (12): 118-125.

[28] SEARS D A. Effects of innovation versus efficiency tasks on collaboration and learning[D]. Stanford University, 2006.

第5章 组织内部的时空（层维动）综合分析

5.1 基于层维动综合分析的模型

为了应对复杂变化的环境，笔者提出了领导和管理的时空理论的总体框架[1]之后，进一步从空间视角（层次分析和维度分析）和时间视角（动态分析）展开了论述，系统地构建了领导和管理的时空理论的"层次分析模型""维度分析模型"和"动态分析模型"[2-4]。这些研究为领导者和管理者认识、分析和解决复杂变化的组织问题提供了具体、细致的分析框架。笔者在充分结合"领导和管理的时空理论"[1]的整体架构和核心思想以及整合"层次分析模型"[2]"维度分析模型"[3]和"动态分析模型"[4]的主要理论观点的基础上，进一步提出"层维动综合分析模型"。这项工作不仅有助于统一探讨层次分析模型、维度分析模型和动态分析模型的整体问题，将上述理论观点进行汇总，而且为系统地提出组织整体的"三兼顾""三切换"和"三转换"的思维方式和行动方法提供了基础。同时，本研究还选取典型企业的具体案例进行分析，以"层维动综合分析模型"为框架，分析其中包括的层次思维、维度思维和动态思维，通过案例研究为这一综合分析模型提供实践依据，促进和理论体系配套的方法体系的建立。

"领导和管理的时空理论——层次分析模型"[2]、"领导和管理的时空理论——维度分析模型"[3]和"领导和管理的时空理论——动态分析模型"[4]分别着眼于层次、维度和动态方面,重点而深入地讨论了领导者和管理者在认识、分析和解决组织问题时应该采用的思维和方法。本章综合上述研究,对问题进行整体的考虑。本节以"领导和管理的时空理论"[1]为分析起点,汇总和集合上述三个模型的主要观点,提出"三兼顾""三切换"和"三转换"的理论命题。

5.1.1 "三兼顾"

为了全面而系统地认识和分析组织,领导者和管理者要努力兼顾时空系统的各个方面。

根据"层次分析模型"[2],领导者和管理者既要注重组织在微观层面存在的问题,关注关键的细小问题或个体的影响,又要拥有足够宏观的眼界和思维高度,超越组织本身来认识和分析组织,即建立层次兼顾的思维方式和行动方法来认识和分析组织。

根据"维度分析模型"[3],领导者和管理者既要重视软实力,善于管理目标和方法、利益和权力、信仰和价值观等,又要关注硬实力的获取和积累,搭建能够支持组织健康发展的人、财、物等基础实力,即建立维度兼顾的思维方式和行动方法来认识和分析组织。

根据"动态分析模型"[4],领导者和管理者既要重视学习,认清如何将过去的经验应用于解决未来的类似问题,又要重视创新,依靠想象和试验来持续不断地解决全新问题,即建立学习和创新兼顾的思维方式和行动方法来认识和分析组织。

本书在领导和管理时空理论框架的指导下,整合上述分模型中"兼顾"的思想和核心观点,提出命题5.1。

命题5.1:领导者和管理者要以时空思维为总体框架,努力兼顾微观与宏观、兼顾软实力与硬实力、兼顾学习与创新，即做到层次上、维度上和动态上的"三兼顾"。

5.1.2 "三切换"

领导者和管理者在一定条件下的注意力（如时间和精力等）往往是有限的[5]，且组织中那些有价值的、稀缺的、难以完全模仿的和无法替代的资源在一定的时空条件下也是相对有限的[6-7]。相应地，根据权变理论，在不同的内部条件和外部环境特征下，组织要采取不同的组织设计[8]和领导方式[9-10]，才能提升领导的有效性和组织适应环境的能力，提高组织成效。由于组织在不同发展阶段和不同环境下会呈现出不同的特征、面临特定问题，因此领导者和管理者要根据发展阶段和环境的变化，努力在时空系统的各个方面进行切换。

根据"层次分析模型"[2]，领导者和管理者要在不同的时间和空间上有明确的定位，根据实际需要给予个体、群体和组织等不同层次上的问题以不同程度的关注，建立在多层次间切换的思维和方法。

根据"维度分析模型"[3]，领导者和管理者要认清现阶段关注的重点，明确组织系统的不同维度对组织发展所能发挥的不同推动作用，根据组织的实际情况，在有些情况下侧重软实力的发展，在有些情况下侧重硬实力的积累，建立在多维度间切换的思维和方法。

根据"动态分析模型"[4]，领导者和管理者要建立学习和创新的"两条轨道"，即明确什么时候更多地在学习的轨道，什么时候更多地在创新的轨道，建立在学习与创新间切换的思维和方法。

本章在领导和管理时空理论框架的指导下，整合上述分模型中"切换"的思想和核心观点，提出命题5.2。

命题5.2：领导者和管理者要以时空思维为总体框架，根据组织发展的实际情况，做好在微观与宏观之间的切换、软实力与硬实力之间的切换、学习与创新之间的切换，即做到层次上、维度上和动态上的"三切换"。

5.1.3 "三转换"

作为时空系统，组织内部的各层次、各维度都会随着时间的推移进行相互作用，微观和宏观、软实力和硬实力、学习和创新可以相互促进、相互转换，通过这种转换使存在于一处的优势转换到另一处。因此，领导者和管理者要努力地在时空系统的各个方面进行转换。

根据"层次分析模型"[2]，组织中存在自上而下的"瀑布效应"，组织宏观层面的因素能够以直接和间接方式对较低层次的主体产生影响，有助于组织上下达成一致。同时，组织中还存在自下而上的"涌泉效应"。其中，关键个体或存在于低层次的知识和经验也会不断向上涌现，最终影响组织整体。因此，领导者和管理者要学会在不同层次间进行转换，即做到"上下相推"。

根据"维度分析模型"[3]，组织内的软实力包括目标和方法、利益和权力、信仰和价值观等方面[1]，硬实力包括人力、财力和物力等资源[1]。优质的组织硬实力能为软实力的发展提供良好的土壤和平台；良好的软实力则能帮助组织源源不断地获取硬实力。因此，领导者和管理者要学会在不同维度之间进行转换，即做到"左右相生"。

根据"动态分析模型"[4]，学习（在时间轴上向后看）和创新（在时间轴上向前看）相互作用，学习过往经验有助于为创新打下基础，创新目标有助于推动学习的开展。因此，领导者和管理者要学会在学习与创新之间进行转换，即做到"前后相随"。

一个组织中同时出现"上下相推""左右相生"和"前后相随"的理想情况，即"三相景象"，有利于组织的健康发展。

本章在领导和管理时空理论框架的指导下，整合上述分模型中"转换"的思想和核心观点而提出命题5.3。

命题 5.3：领导者和管理者要以时空思维为总体框架，善于在微观和宏观之间进行转换，在软实力和硬实力之间进行转换，在学习和创新之间进行转换，即做到在层次上、维度上、动态上的"三转换"，也就是在组织内部形成"上下相推""左右相生"和"前后相随"共现的"三相景象"。

5.2 基于层维动综合分析的方法

层维动综合分析模型提出，领导者和管理者要同时在层次、维度、动态上做到"兼顾""切换"和"转换"。本部分基于该模型的主要理论命题，结合对几家公司的案例研究，提出具有"层维动"思想的具体实施途径和方法原则。

5.2.1 "三兼顾"的实践方法

本节以北京东方智慧技术公司（以下简称"东方公司"）为例，阐述"三兼顾"的实践原则和具体做法。

东方公司成立于 1993 年，主要从事各种显示屏的生产制造业务，其前身是成立于 20 世纪 60 年代的某电子管厂。东方公司的现任董事长在公司处于刚起步且很困难时担任领导职务，具有极强的事业心，采取了各种行之有效的方法带领全体员工奋发图强，使得公司后来取得了很大发展。目前东方公司在手机显示屏、电脑显示屏和电视显示屏等领域的市场占有率和销售量均位于国际领先地位，相关产品得到了同行和客户的高度认可。

东方公司在发展阶段曾遇到过很多困难。公司开始起步时，资金匮乏，董事长采取各种方式解决资金问题。首先，公司采用集资方式筹集资金。当时，公司要求科长级别以上员工每人拿出几千元，这样共筹集了几百万元，作为公司启动的第一笔资金。利用这笔资金，东方公司帮助下岗员工找到了工作，还剥离了不良资产。然后，通过债转股的方式，让银行拥有股份，公司获得了资金。公司也得到了政府的大力支持，获得了银行贷款。这些都对东方公司的起步和发展发挥了重要作用。后来，东方公司改制成为混合所有制企业。为了获得更大的发展，东方公司策划上市并获得成功，在资本市场获得了一定的资金资源。在后续发展中，东方公司在需要增加资金时就会通过适当地增发股票来融资。除此之外，东方公司还会通过银行贷款来获得资金。

发展初期，东方公司需要提高技术水平，于是和其他公司合作制造产品，公司自己出人、出资金，合作方公司出技术、出管理，一起合资建造显示器整机生产线。东方公司从合作中学习到了很多现代化的管理理念和管理制度。当然，合资的经历也使得东方公司认识到，拥有和掌握技术非常重要。后来，东方公司收购了某国外公司的液晶显示器业务、相关专利以及人员团队，进入了薄膜晶体管液晶显示器件领域。收购后，东方公司还在国内建厂，建造了自己的生产线。后来，东方公司的技术水平得到很大发展，在经营上开始稳步盈利，公司投入了很多经费并采取详细具体的措施来升级自己的生产技术设备。2018年前后，东方公司共有11条批量生产线，有2条产品线正在建设中，还有一个面积很大的全自动化无人车间。在生产线建造过程中，公司需要几百种设备，因此需要和相应的供应商打交道，要求其提供符合公司产品制造要求的设备，然后将所有这些设备组装成一条生产线。因此，整合多家供应商提供的多种设备的能力是公司的核心能力之一。整合这些设备要求公司的工程师对每种设备有足够深入的认识，了解如何将每种设备的功能发挥到极致，知道如何根据各种设备的参数和规格确定所能做出的产品，这样才能保证制造出高质量的产品。

为了在市场上取得更强的竞争优势，东方公司投入很多经费购买知名公司的管理咨询服务，在战略管理流程、集成产品开发、产供销协调发展等方面获得了行之有效的方法和体系，使得公司的经营管理水平得到了快速提升。一些好的管理方法——如战略管理流程等——已深入人心，融入员工的日常工作中，成为一种工作习惯。

具有高远目标的董事长提出了非常宏伟的公司愿景，即成为世界上受人尊敬的伟大企业。而要实现这一愿景，公司就要设置具有挑战性的目标，所有员工都要有坚定的信念。确立的远大目标对每个人都有激励作用。员工不会因为一时的成功而骄傲自满，也不会因一时的挫折而失去信心，而是始终保持积极向上的心态，用更高的标准要求自己向上发展。东方公司设定的目标很高，如2017年的目标是用10年时间达到1000亿美元的销售额。东方公司在战略上实施垂直管理。总部设有专门的战略管理部门，由200多名员工组成。这些员工为各子公司的领导提供战略分析方面的信息和建议，和子公司的相关人员沟通协商来制定各项关键绩效指标（key performance indicator，KPI）。为了使这样一个大型组织的各个层级单位都有目标感，东方公司采取了目标逐层分解的方式，让每个单位都有明确而具体的目标，每个单位都按照自己的目标有秩序地前进，这样整个组织就能朝一个方向共同有序协同地发展。

　　东方公司采用了系统的战略管理流程来促进战略的实施和预期目标的达成。公司在每年的不同季度开展不同的工作。第一季度，公司总部的战略管理部门要进行战略评估，即评估上一年每个分公司、每个部门、每个团队和每个人的绩效，并会在全公司内部公布。第二季度，战略管理部门会制定从下一年开始的五年规划，更新和完善这五年中每一年要做的事情。第三季度，战略管理部门要制订行动计划，即计划如何在下半年内完成当年目标，同时计划各部门下一年的详细目标，包括重大任务和重大项目等。第四季度，战略管理部门制订事业计划，即制定下一年的考核标准和相关事项，包括关键绩效指标、财务指标以及激励机制和奖金分发方式等。当年12月，所有员工签订目标责任书，下一年一月按照确定下来的目标开始新一年的工作。

　　从公司战略管理流程可以看出，一年中各个季度开展工作的顺序体现了由小到大再到小再到大、由细到粗再到细再到粗、由务实到务虚再到务实再到务虚的过程。东方公司如此进行战略管理的考虑是：如果在每年的第一季度就讨论下一年的事情，那么时间跨度大，易出现变化导致决策不准确的情况；而在此时期评价和分析上一年的业绩表现，则信息是充分的、工作内容是具体的，所得结果也是比较准确的。在第一季度对上一年工作业绩准确评估的基础上，第二季度就可以思考更长远的事情，也就是对从下一年开始的五年做出大致规划。到了第三季度，一年已过半，此时需要考虑近期的工作：一是制订具体的行动计划以在剩下的半年内完成当年的目标；二是确定下一年的具体目标和任务。到了第四季度，一年已快结束，下一年即将到来，此时可在第三季度确定的下一年目标和任务的基础上进一步确定相应的具体考核指标和事项，并在年末让所有员工签订目标责任书，使员工在年末就知道下一年要开展的工作。概括来说：第一季度的工作是"评估上一年"；第二季度的工作是"规划未来五年"；第三季度的工作是"具体落实当年"和"粗略规划下一年"；第四季度的工作是"具体规划下一年"。在一年的不同季度合理开展不同时间段的战略规划工作，使得公司所有员工在工作上能够兼顾远和近、虚和实，是东方公司战略管理的一个重要特色。

目前战略管理流程已成为东方公司一种非常重要和普遍采用的管理方法。譬如，东方公司的高层领导每季度都要开一次中心组学习会，会议的第一项内容就是确定当前处于战略管理流程的哪个阶段（"分析去年""规划五年""完成今年""规划明年"），然后再进行具体讨论。另外，为了落实战略目标，东方公司开展了更频繁的工作，如实行重大项目周滚动制度、每周进行业绩预测和业绩考核。虽然看起来员工每周向董事长和总经理汇报工作过于频繁，但是每次汇报提供的数据确实能够帮助他们做出正确的分析和判断。例如，在建造工厂时，哪怕超过规定的施工期限一个月，都会给公司造成巨大损失，因此具体了解每天、每周、每月的工作进展是非常关键的。虽然管理本身存在成本，但是公司愿意花费这个成本使战略管理流程得到彻底执行。东方公司的会议较多，有一些重要会议还要求所有高管人员参加，没有特别重要的事情一般不能请假。高管人员会从世界各地飞到总部参加会议。虽然开会费时费力，但是东方公司一直坚持这样做。这促进了战略的制定和落实，使得经营管理取得了成效。

在组织管理上，东方公司创造并实行了"横到边，竖到底"的管理方法，俗称"大井格"管理。"横到边"是指总部的各职能部门总监（如运营总监、人力总监、财务总监和信息总监等）需要在工作上考虑所有的横向单位，主要是将职能部门拥有或收集到的专业知识、经验和方法传递和分享给这些横向单位，使它们能够复制各种相关能力，从而在横向上最大限度地发挥职能部门的知识、经验、方法和能力的作用。这种管理方法提高了东方公司运行的专业化水平和效率。譬如，每个分公司不一定都要自己寻找最合适的人才或方法，只要总部能够找到，每个分公司就可以加以利用。总之，这种"横到边"的做法可以使总部最好的管理或工作方法覆盖和传递给每个分公司、每个部门和每个员工，从而提高经营管理成效。东方公司将总部的这些职能部门称为核心能力平台，总部大楼的名字就是核心能力大楼，这足以体现东方公司对核心能力建设及全面推广的高度重视。

"竖到底"是指公司实行从高层到基层的垂直贯通管理，对所有项目和事务进行彻底管控，如在重大项目管理、预算管理和审计监察等方面都要从上到下落实和扎根到所有层级单位。东方公司对人员的任命和考核是垂直进行的，各分公司的相关部门都直接由总部对应部门的总监来管理。例如，各分公司的人事部门都由集团总部的人力总监来管理。当然，这并不意味着员工的薪酬与所在分公司的业绩没有关联。分公司的总经理对其部门员工的薪酬虽然没有决定权，但有建议权，集团总部的各职能部门总监在对其管理的分公司员工进行考核时会参考分公司总经理的评价。这样也促使员工在贯彻执行来自上面垂直部门的要求时，也要努力工作达到所在分公司要求的目标。

总体上，公司有效地将"横到边"和"竖到底"融合到一起。"竖到底"代表的公司垂直任命和考核方式，支持了战略管理中目标的逐级分解，打通了公司上下各层级的沟通渠道，既使高层的战略、决策和任务等能够直接下达给每一层级的员工并保证得到彻底执行，总部的"核心能力"能够自上而下地通过垂直管道渗透到每一层级的每个员工身上，也使得包括基层在内的每一层级员工发现的问题、总结的经验和能力可以及时而有效地向上传递，汇集到总部的职能部门，并经过收集、加工和优化，丰富和形成新的"核心能力"，再通过"横到边"的知识、经验和方法等的传递以及"竖到底"

的执行贯彻，让整个公司横向各部门、纵向各层级的所有员工都能获得好的知识、经验、方法等。

可以说，东方公司的"核心能力"有两个来源：一是总部各职能部门的专业能力和经验；二是各层级员工从实践中总结出的能力和经验。"横到边、竖到底"的管理方法既让东方公司的决策自上而下地得到有效的贯彻执行，也使各职能部门拥有的知识、经验和方法等可以实现横向的传递和复制，通过横向与竖向的共同联结，使得整个公司具有较高的运行效率和充满活力。

东方公司建立了非常严格的运营管理制度，制定了严谨规范的操作要求细则，重视工作秩序和效率。东方公司认为，作为高科技制造业，秩序是十分重要的，有秩序才有效率。公司要求员工不要随便动工厂里的设备和器件等，以免产生事故。鉴于此，公司对员工的行为（如什么事情能做、什么事情不能做）都建立了非常严格的规章制度。同时，公司对每个产品的毛利率、收益率和投入产出比等生产和经济指标都进行严格管理。

东方公司建立了创新导向的产品规划管理体系，如建立了一个考核业务部门和研发部门的重要指标——首发产品占有率。公司每年都要计算自己研发的新产品在全世界同行业的首发产品数量中所占的比例。此外，公司还要计算自己每年销售出的产品中有多少是本年度内开发的。这样做的目的，显然是在强调产品研发的数量和质量。

东方公司在产品开发管理上进行创新，在产品开发上运用技术创新路线图和产品创新路线图。东方公司开发产品，会提前五年开始规划路线图，待路线图画出后就要落地实施。董事长自己提出了一个"定理"：显示类产品在规格和性能不变的情况下，每36个月价格就会降低一半，如果要保持同样的收益，那么必须在36个月内将产品的规格和性能提升一倍，也就是用规格和技术性能的提升来应对价格的下降。按照这个"定理"，东方公司确定的产品开发目标是：每24个月甚至每18个月就要将产品的规格和性能提升一倍，用创新应对产品价格的下降。

东方公司的组织文化很有特色，崇尚奋斗精神、事业心、情怀和关爱。第一，公司在招聘员工时特别重视人品和素质，愿意选择那些有追求、有事业心、勤奋努力、踏实肯干的人。这些和董事长本人的特点有着密不可分的关系。譬如，公司没有股权激励计划，包括董事长在内的所有管理者和员工都没有股份。公司员工曾开玩笑说，这是一家特殊的公司，全都靠情怀在工作。公司以董事长为核心形成了稳定的管理团队，董事长用自身行为及体现出的精神影响身边的管理团队和组织的其他员工。公司喜欢招聘应届毕业生，认为这样可以找到能从心底完全认同公司价值观的员工，且这些员工在经过培养后能以公司的高目标、严要求来开展工作。采用这种招聘标准，东方公司找到的员工都比较适合公司，因此也很少主动淘汰人，离职员工也较少。第二，公司在员工培养方面非常注重"传帮带"，对员工的成长特别负责任。新员工一进入公司就会有专人指导，能够快速步入正轨。公司领导都特别关心下属，不把下属当作工具，而是真心希望下属能够得到成长。第三，公司关心员工的待遇和未来发展。目前提供的薪酬较有竞争力。公司的发展前景很好，所在行业市场十分巨大，员工对未来发展充满信心。公司愿意给员工提供多种发展和提升的机会，如送员工到国内外学习和交流等。除此之外，公司还在寻求新的发展领域和进入新的业务板块，这也为员工提供了更多施展才能和发展提升的机会。

董事长具有很鲜明的个人特点。第一，他特别专注于事业、心无旁骛，最大的爱好之一就是把公司经营好。他有时早晨5点就开始工作，晚上12点才停止工作，经常在周末加班。他对公司事业的执着追求感染了全体员工。第二，董事长不仅注重把握大局，而且对一些重要事情也会亲力亲为，特别注重细节。譬如：董事长的所有讲话稿和工作报告都亲自参与撰写；对于员工撰写的文字材料中出现文字或标点错误，董事长会认为这是逻辑问题、能力问题、做事不严谨的问题，会对员工进行批评教育；他要求员工展示的各种宣传材料应该美观、能够提升公司形象。第三，他对新事物很敏感，学习能力也很强。董事长以前是财务出身，经过努力自学获得了很多理工科知识。他经常与年轻人一起沟通交流，并学习使用各种新技术。勤奋好学使得他拥有宽广和扎实的知识体系，无论是财务知识、技术知识还是管理知识，他在公司里都是数一数二的。

领导和管理的时空理论

目前东方公司在保持显示屏产业领先地位的同时，开始进入智慧系统和健康医疗领域。虽然从应用层面上看，从显示屏产业到智慧系统和健康医疗产业的跨度很大，但是三个产业所需的核心能力有很大关联。譬如，东方公司收购的一家医院有一个细胞培养中心，该中心拥有的技术与半导体生产中的某些技术在思路上相关。目前东方公司有一条生产线制造基因检测芯片，在未来医学发展趋势下可用基因检测预测和治疗疾病，因此生产芯片与健康医疗的大方向也是一致的。目前东方公司的显示屏板块收入占总销售收入的80%，智慧系统板块收入的占比为20%，如国内某著名电商所用的电子标签就是东方公司提供的，公司每年向全世界提供3000多万个电子标签，全世界共有1.5亿个这样的电子标签在使用。智慧系统板块作为一个软件与硬件相结合的板块，不仅为零售商提供硬件，而且提供支撑智慧零售的软件系统，让这些电子标签连接到公司的云平台上。公司由此就能为这些零售商提供后续的有关服务。目前公司在健康医疗领域还处于进入者阶段，正在建设一些能提供1000张床位以上的大型三甲医院，分别设立在国内若干城市，有的医院很快就要开始运营。医院事业投入高、回报周期长，不符合一些人对资本回报周期短的要求，因此一些投资者没有意愿开展这方面的工作。

东方公司非常有战略耐性，在发展当前业务的同时愿意拓展有远期回报的业务。东方公司在战略管理上有一种思维：要么不做，要做就做最好的、最难的、需要很长时间积累核心能力的事情，而建设医院就属于这类事情。东方公司在进入健康医疗行业前在内部进行了长时间的讨论，后来认为健康医疗具有很大市场。在发达国家，健康医疗产业的消费占国家 GDP 的比例较大，而目前我国该比例较低，再加上我国 GDP 增长速度较快，因此健康医疗产业的潜力是十分巨大的。东方公司认为，既然自己在显示屏行业已经做到了世界领先，那么这些年来建立起的核心能力（如管理公司和管理员工等方面的能力，尤其是快速学习能力等）能够支撑公司进入其他领域——如健康医疗领域等。

多年来东方公司在企业管理和高效运营等方面积累的经验是十分充足的，因此公司有信心在较短时间内在新的行业领域取得竞争优势。这实际上也是东方公司"横到边"的管理方式向新的产业领域扩展的表现。东方公司希望将已建立起的核心能力运用到有前途、能为之奋斗的行业中。目前东方公司已收购某家高端医院，先在这个已成熟的医院体系中去学习和了解，然后快速进入健康医疗产业。东方公司抓住现在看病程序复杂、花费时间长这样一个普遍的社会痛点，希望对医院进行信息化升级、管理升级，让病人能直接在诊断医生处缴费，药房接收到医生的处方后能够自动调配药品，通过管道输送到医生手中，然后直接给病人，以减小病人看病的时间成本。这些医院管理改进方案可以直接解决当今很多国内医院面临的问题，对于提高人们的身体健康具有重要意义。

综上所述，得出下面领导和管理的原则。

原则1：领导者和管理者在认识、分析、处理和解决各类问题时，要在观念上注重组织微观和宏观之间、软实力和硬实力之间、学习和创新之间的兼顾，通过制定相应的组织制度和流程，将"三兼顾"的思维付诸实践。

从上文论述中可以看出，东方公司的领导者和管理者做到了"层次兼顾""维度兼顾"和"动态兼顾"。

5.2.1.1　层次兼顾

东方公司兼顾了宏观和微观两个层面。

在宏观层面上，东方公司建立了宏伟的发展愿景、战略管理流程、"横到边，竖到底"的组织管理方式、严格的运营管理制度、创新导向的产品规划管理体系、具体的产品开发管理方法，同时还形成了崇尚奋斗精神、事业心、情怀和关爱的企业文化。东方公司在保持显示屏产业领先的同时，还开拓了智慧系统和健康医疗等新的商业领域。

在微观层面上，东方公司在运营管理上注重细节，如制定严谨规范的操作要求细则规范员工行为。董事长注重把握大局，并在一些重要事情上亲力亲为，同时特别注重细节（如自己参与撰写工作报告、注重下属文字材料中的错别字和标点符号，以及重视宣传材料张贴的美观等），这些都对员工的工作态度和行为产生了深刻影响。董事长的事业心和勤奋努力、学习精神和学习能力也对员工具有很大的感染力。东方公司实行周滚动，频繁地利用具体事实数据更新项目进展情况。此外，东方公司"竖到底"的管理方式既能将公司总部的目标和要求传递给每个层级单位、每位员工，也能发现、收集和吸纳每一层级员工好的知识、经验和方法，并上升到组织层面。

5.2.1.2 维度兼顾

东方公司兼顾软实力和硬实力的发展。

在软实力方面，东方公司具有宏伟的发展愿景，拥有深入系统的战略管理流程以及"横到边，竖到底"的组织管理方法，建立了产品规划管理体系和产品开发管理方法，形成了崇尚奋斗精神、事业心、情怀和关爱的企业文化等。

在硬实力方面，东方公司建立了一支优秀的员工队伍，注重员工的招聘标准、"传帮带"和发展成长；公司重视财力的发展，通过集资、债转股、银行贷款、上市和在证券市场增发股票等获得组织发展所需的资金；公司重视技术的发展，通过合作、合资、收购以及投资建设等拥有了强大的核心技术实力。

5.2.1.3 动态兼顾

东方公司兼顾学习和创新。

在学习方面，东方公司通过合作和合资等方式学习现代化的管理理念和方法，通过收购学习技术，通过聘请咨询公司学习战略管理流程、集成产品开发和产供销协调发展等管理方法。

在创新方面，东方公司具有"横到边，竖到底"的组织管理模式，开展了从电子管到显示屏、智慧系统和健康医疗领域的产业创新，建立了崇尚奋斗精神、事业心、情怀和关爱的企业文化，强调首发产品占有率等。

5.2.2 "三切换"的实践方法

本节以北京春雨钢铁经销公司(以下简称"春雨公司")为例,阐述"三切换"的实践原则和具体做法。

春雨公司成立于1997年,主要从事钢铁贸易业务,出口产品包括型材、管材和板材类的钢铁、铁合金以及不锈钢等,客户分布在亚洲、南美和非洲等地区。目前春雨公司在钢铁贸易行业具有很高的国际知名度,得到了国际市场客户的广泛认可。

春雨公司的创始人在大学里的专业是冶金设备,毕业后在国内一家大型钢铁生产公司所属工学院当教师。创始人的英文好,加上懂技术,所以曾被公司派去国外学习和交流,之后被调到公司总部从事了多年外贸方面的工作。后来,创始人走上了自主创业的道路,于1997年正式注册成立了春雨公司。公司成立初期,只有几位员工,创始人需要亲自去做很多事情。譬如,在会计方面,他会做出纳;在财务方面,他会和财务经理一起去银行办理具体的贷款业务。几年后,创始人和员工们努力工作,积累了一定的资金实力。经过一段时间的发展,春雨公司的人员逐步增加,各职能部门的人员基本配齐,每位员工都在自己的岗位上从事专业化工作。创始人在工作过程中逐步认识到,公司在每个时期都有最主要的矛盾或最急迫需要解决的问题,自己要做的事情就是抓好这些重点工作。于是,创始人自己负责解决最重要的和最紧迫的问题,逐渐将其他方面的权力和责任下放给总经理、各职能部门主管和相关人员,从而腾出更多的时间和精力从外面学习新的知识,以新的视角看待公司的发展和未来。创始人经常走出去,参加各种学习、交流和聚会等活动,获得了很多新的信息和知识。他听取行业内外人士的理念、想法和观点,获得了很多意想不到的收获。这些都为春雨公司积累了信息和知识资源,对业务发展起到了重要的促进作用。这个时期,创始人虽然已给管理者和员工授权、从不越级指挥、没有特殊情况时不去过问具体业务的细节和人员安排等,但是仍然坚持在适当的时候到一线了解情况、深入基层调查研究,然后结合各级主管和员工的工作汇报,对公司的相关事务进行认真分析、做出判断和决策。

随着公司人员和业务规模等的不断发展,创始人越来越关注公司宏观层次的组织结构、制度和流程等,并开展相应的工作。

春雨公司在组织结构上曾设置了两个采购部,主要目的是为了实现部门间的相互制约、防止出现问题。在运行过程中,这两个采购部门的意见不容易达成一致,甚至会产生矛盾。为了公司的和谐发展,创始人后来将两个采购部合并为一个,但在内部设置了8个岗位,每两个岗位的员工形成一对互补角色,在工作上有一定的独立性,但是又相互替补和支持、相互监督和更正。这种组织结构的建立解决了以往的矛盾,取得了很好的效果。

春雨公司建立了全面的经营管理制度体系,具体包括企业战略、人力资源管理、财务管理、外贸流程管理、供应链管理、行政管理和安全管理等十几个管理系统。公司还定期调整制度,即每年调整一次,调整后需要经过半年的试运行,在取得相应效果后才会真正成为公司的制度。公司充分发挥已建立制度的作用,对于在制度范围内的事情完全按照制度去办,不必再请示创始人。制度管理使得很多事情的处理方式都具体明确,减少了一些不必要的人为因素的负面影响,提高了各项工作的效率。譬如,春雨公司成立以来各股东一直非常团结,很重要的一个原因就是建立了明确的公司治理措施和股权管理方案。公司在员工的任免和奖惩方面也能做得公平、公正,按制度办事在其中发挥了重要作用。当然,创始人也认识到再完善的制度也很难包含所有的情况,因此制度范围之外的一些重要事情就需要自己亲自处理,如会亲自了解客户管理系统中五星级客户的情况,亲自审批特大量级的订单等。

春雨公司在自己的行业内创建了客户评级管理系统,该系统将客户分为三个级别——普通客户、优质客户和五星级客户。客户从普通客户发展到五星级客户需要经过一定时间。公司在对客户进行评级时会详细考察和了解客户在行业内的信誉。客户管理系统能很好地管理客户的赊账行为和赊账额度,使公司在业务扩展和风险控制之间保持平衡。具体做法是:公司在调查了客户的资信后,会先给客户一定的赊账额度,待每笔交易顺利完成后再逐渐提高赊账额度。这样既留住了客户，也激励了客户按时保质保量完成交易。春雨公司在经营发展过程中会逐步建立一些五星级客户，在机会合适时甚至会对优质的五星级客户进行股权投资，以实现互利共赢。需要说明的是，一线人员对客户评级管理系统的成功开发起到了重要作用。当时，创始人在决定启动客户评级管理系统的开发工作后，鼓励相关的一线员工积极参与提出客户信用评价指标，并讨论这些指标的效度。创始人全面收集了讨论结果，然后在董事会上和董事会成员一起研究。经过近半年的反复研究和讨论，春雨公司开始试运行客户评级管理系统，并根据运行效果进行调整，最后正式纳入公司的制度体系。

春雨公司还建立了风险管理系统。创始人身处钢铁贸易行业，知道公司业务涉及的钢铁材料货量大、资金大，深知风险控制的重要性，因此定下的规矩就是"掌握度"。创始人爱打乒乓球。教练曾告诉他，打乒乓球只要会防守，就不会轻易输掉比赛。创始人由此推想，运营贸易公司只要减少失误、不出重大事情，如法律问题、担保问题，哪怕在经营上不是特别突出，也不至于出大问题，就有机会存活。因此，春雨公司不盲目追求大生意、大订单，对超过一定数量的订单、贷款和投资都要拆分成数额较小的几个部分，以便分散风险、将风险降低到可控范围内。这个"度"在春雨公司是有具体明确的文字规定的，如每笔贷款不能超过500万。此外，春雨公司的海外汇款较多，因此规定每笔钱款的进出都要由两个人复核，以保证不出差错。虽然这种做法在程序上有些烦琐，但是结果是很好的。公司自开始到目前的经营过程中，从未在付款上出过差错。春雨公司建立的风险管理制度能使员工行为尽量合理，避免重大事故发生，从而保障公司稳健地发展。当然，公司在运行过程中难免会遇到突发情况和难以预料的变化，如汇率和海关政策的突然变化、员工的流动等。这些需要创始人具有一定的预见能力，且能对突发情况及时做出果断的决策，从而控制风险。创始人认为，突发事情发生前都可能出现某些征兆，看似偶然的出现，其实具有某种必然性，只要能预判到未来发生的事情，就有足够的时间做好准备，使这些事情的发生不会对公司造成太大的不良影响。创始人培养预判能力的方法很特别。

譬如,他看体育比赛有时只看前半场,然后预判哪个队能获胜,第二天再看自己的判断是否正确,并分析判断正确与否的原因,然后改进预判方法,不断提高对未来事情的分析和预见能力。

春雨公司建立了关于重要问题的决策流程。创始人认为,重要问题的决策关系到公司的生存与发展,因此特别希望充分听取不同人的想法,重视决策过程中的不同意见,鼓励和要求提意见的人说实话。公司建立的决策流程是:创始人在发现需要处理的重要问题时,会先将问题提交给董事会,暂不表明自己的态度,让董事会成员充分进行民主讨论后把意见告诉自己;创始人结合董事会成员的意见和自己掌握的信息,认真思考后做出分析判断,将自己的想法再返回至董事会成员;如此反复多次,一般会形成较为完善的解决方案,创始人再做最终决策。

春雨公司鼓励员工提出对组织发展有利的想法,建立收集合理化建议的方法。在涉及重大问题时,公司发动全体员工共同讨论,鼓励大家畅所欲言,并将员工意见进行汇总、分析、选择和调整,结合最高管理层的想法,最后形成组织制度。公司认为,所有员工都共同参与建立的制度,就可能成为所有员工都遵守的制度。譬如:公司设立了匿名意见箱,鼓励员工把自己的想法和建议提出来;创始人会经常打开意见箱,收集后认真阅读和考虑。平时工作中员工提的意见较少,但是在讨论重大问题(如修订公司制度)时,员工不方便当面提意见时就会通过意见箱提出来。

创始人注重宏观经营管理的同时,对有些事情关注得也很细致。譬如,创始人亲自负责招聘,联系若干猎头公司,聘任钢铁外贸行业的优秀人才。他还鼓励所有人参与招聘,并在公司内设立"伯乐奖",号召全体员工成为"伯乐",将自己了解的优秀人才推荐给公司。如果被推荐的人应聘成功,那么推荐的员工可获得奖励。创始人善于站在与员工不同的角度看问题,以便给员工以相应的指导和支持。譬如,当员工特别乐观时,他会提醒员工未来可能遭遇挫折;当员工遇到困难时,他会鼓励员工坚定信心。此外,公司在投资时需要对被投资方进行背景调查或尽职调查,这项工作需要业务好、外文好的财务人员。创始人会亲自对相关员工的业务能力和外文能力（如做外文报表的能力）进行考察。创始人还特别重视员工的个人发展。譬如，对有离职意向的员工，创始人的态度是能留就留，不能留就给予支持，只要能为社会培养好人才就是好事。这种做法使公司在用人方面建立了良好的声誉。

创始人还想方设法向外部学习，获取相关的信息和知识来解决公司在发展过程中遇到的问题。为此，创始人去某知名高校学习在职工商管理硕士课程，并将所学知识应用于实际工作中。他还派送其他高管人员去高校学习工商管理知识。他还努力学习中国传统文化中的智慧，并将其用于管理实践中。他经常向高校和研究机构中的专业人员咨询和了解相关政策和发展大势以及经营管理知识和经验，并听取他们对企业经营管理的建议。这些做法帮助创始人获得了一些发展思路和解决具体问题的方法，促进了公司竞争力的提升。

春雨公司注重员工思想和行为方面的教育和培养，要求新入职的员工阅读公司各方面的文件（如规章制度等），并对他们进行上岗培训。创始人专门设置助理岗位，主要协助自己做好员工的思想工作。春雨公司内部有一个总结机制，即要求员工每个月对工作上的成功和失败进行分析总结，并发布在公司内网上。有时，员工每月只有进行了总结才会及时收到工资。员工总结失败教训不会受到惩罚，因为这样做可以在以后使自己或同事避免出现同样的错误。这些总结的案例会被作为以后新员工上岗前的必读材料。

春雨公司建立了员工激励制度。譬如，公司对员工实行级别管理。第一级是实习期员工；第二级是一般员工；第三级是持有300万元人民币优先股的员工，是合伙人；第四级是持有500万元人民币优先股的员工，是股东，其收益最高。公司进行级别管理的目的是激励员工不断向上发展。

春雨公司所属行业为资金密集型行业。公司虽然不缺短期资金，借助信用支付拥有很大的变现能力，但是对长期资金有较大需求。这种需求促使春雨公司将目光投向资本市场，希望能够通过资本市场获得资金实力，在国际上的新兴钢铁消费区域扩大市场。这样做，一方面有助于解决国内钢铁产能过剩的问题，另一方面能获得广阔的国际市场。春雨公司还打算

领导和管理的时空理论

在海外建立钢铁园区，使国内的钢铁产品、产能和技术设备输出到海外。目前春雨公司已和某些国家的一些企业签订了合作协议，正不断扩大合作范围。在海外投资建设钢铁园区这一做法是春雨公司在行业内独创的，春雨公司希望这种独创性业务能带来更高的收益和利润。创始人在一个亚洲国家考察时发现该国存在的行业联盟的做法使联盟内的各企业互利共赢，这让创始人萌生了创立钢铁联盟的想法。目前春雨公司已发起建立国内某个地区的钢铁行业联盟，联盟内的成员企业不相互压价、不相互恶性竞争，而是协同创新，共同获得更高的收益。联盟中的一些企业甚至会相互进行股权投资，变成彼此的股东。当利益相关联后，它们就能共同合作、共同受益。在联盟关系上，创始人认为要用大联盟带动小联盟，不仅要与从事钢铁贸易的企业建立行业联盟，还要与生产钢铁的厂家和拥有资本的企业建立全方位的联盟。创始人还计划在成立这些联盟后订立一个国内钢铁行业的出口标准，并撰写一本钢铁出口实务方面的书，为钢铁出口行业的标准化发展做一些有意义的事情。

综上所述，得出下面领导和管理的原则。

原则2：领导者和管理者要不断优化思路、改变行动惯性，在特定的时间和空间环境下，尤其在资源有限的条件下，在微观和宏观之间、软实力和硬实力之间、学习和创新之间进行切换，即在有些情况下集中精力解决微观问题，在有些情况下强调解决宏观问题，在有些情况下集中精力解决软实力问题，在有些情况下强调解决硬实力问题，在有些情况下集中精力学习，在有些情况下开展创新，并通过制定相应的组织制度和流程，将这种"三切换"的思维付诸实践。

从上文论述可以看出，春雨公司的领导者和管理者做到了"层次切换""维度切换"和"动态切换"。

5.2.2.1 层次切换

在春雨公司成立初期，由于员工人数少，因此创始人对很多具体事情都亲力亲为，且关注细节，如他会做出纳、亲自办理贷款事宜。随着公司人员的增加和业务规模的扩大等，创始人逐渐将重心放在了宏观层次的组织结构、制度和流程的建立等上面，但也对一些人和事关注得很细致。例如，创始人深入基层掌握第一手资料，对影响公司发展的重要变化进行预判，综合各方面信息对重大问题进行最后决策，发现和聘任本行业领域的优秀人才，在员工顺利或遇到困难时均做好思想工作，以及关心员工的个人发展等。

5.2.2.2 维度切换

春雨公司成立初期，创始人特别注重硬实力的发展，如通过和员工一同努力工作、发展业务以积累资金实力，通过走出去参加学习交流活动为公司积累信息和知识资源等。随着公司硬实力的不断提升，春雨公司开始注重软实力的提升，如建立合适的组织结构、开发客户评级管理系统、建立风险管理系统、构建关于重要问题的决策流程、形成收集员工合理化建议的方法、建立员工激励机制、注重员工思想和行为方面的教育和培养等。近些年来，春雨公司开始考虑硬实力发展，如聘任行业优秀人才、运用资本市场扩大资金实力、在海外建成钢铁园区、在国内建立行业联盟甚至全方位的联盟等。

5.2.2.3 动态切换

钢铁贸易行业是传统行业，已有一定的做法和规则，需要通过学习开展业务。创始人在创业初期以学习为主，运用创业前在受聘公司从事外贸工作的基础开展业务，且经常参加学习交流活动。在春雨公司的发展过程中，创始人及其员工也一直在持续学习。譬如，创始人自己去高校学习在职工商管理硕士课程，学习传统文化中的管理智慧，向高校和研究机构中的专业人员咨询和了解相关政策和发展大势，从而获得了经营管理方面的知识、经验和建议。创始人还重视其他员工的学习，如送高管人员去高校学习工商管理知识，要求新员工学习公司的各种规章制度文件，要求每个员工每月对自己的工作进行总结反思以获取经验和教训并在内网上分享交流。

当然，春雨公司在不断发展的过程中也遇到了各种新的变化和情况，开始有所创新，在经营管理上逐渐形成了一些自己的特色，如创建了客户评级管理系统,建立了风险管理系统,建立了关于重要问题的决策流程,在海外建设钢铁园区,在国内建立行业联盟甚至全方位的联盟等。

5.2.3 "三转换"的实践方法

本节以北京和煦互联网印刷公司(以下简称"和煦公司")为例,阐述"三转换"的实践原则和具体做法。

和煦公司成立于2011年,致力于为客户提供多种类型的印刷服务,包括一般的纸张印刷、包装纸箱印刷、其他新出现的定制品印刷以及某些物品的采购等,在行业中享有很高的声誉。

2011年,创始人创办了和煦公司。当时其想法是:运用互联网技术打造一个全新的为客户提供印刷服务的平台,使印刷价格更加透明,更便利地满足客户的印刷服务需要。在创办和煦公司前,创始人曾经创办过一家印刷企业。该企业拥有传统的设计、生产和销售等职能部门,为客户提供所需的印刷产品,并取得了很好的经营成效。创始人在这家传统印刷企业的创业经历,为其创建基于互联网的印刷企业建立了很好的知识和经验基础。目前和煦公司的经营模式是:运用自己建立的基于互联网的印刷平台,将社会上具有印刷产能的供应商和有印刷需求的客户连接起来,客户可以通过该互联网印刷平台提出自己的需求并下订单,平台会运用算法对不同客户的订单进行汇总和分析,并根据供应商的类型和产能将客户订单分派给合适的供应商,供应商再根据订单开展生产并交付产品。可以看出,和煦公司本身并没有印刷车间、不进行实际生产,主要是通过互联网平台将客户和供应商连接起来,既让供应商的印刷产能发挥作用,也使客户的印刷需求得到满足。可见,创始人凭借对传统印刷行业的深刻理解和对当今互联网技术的敏锐把握,带领和煦公司建立了一个基于互联网的印刷平台,将市场上有需求的客户和有产能的印刷厂相连接,形成了一种新的经营模式,提升了整个印刷行业的效率。

建立一个基于互联网的印刷平台,对于创始人来说是一个全新的挑战,促使其深入了解和学习相关的互联网技术和知识。为了更有效地开发基于互联网的印刷平台，创始人一方面从外部聘请具有相关技术、知识和经验的优秀系统开发人员；另一方面系统地回顾并总结了以往自己在印刷行业积累的知识和经验，分享给系统开发人员并和他们讨论，清晰地提出并告诉开发人员平台的功能需求。由于自己现在经营的是一家互联网公司，不同于以往的工作，因此创始人特别重视互联网公司经营管理方面知识的学习，积极了解同类优秀公司的创业和管理等方面的经验并加以借鉴。譬如，创始人到国外某电子商务公司进行实地考察，思考并总结这家公司的成功经验。总之，创始人特别注重新领域知识的快速学习和更新。创始人还积极从外部发现并聘任高端技术和管理人才。创始人能够清晰地感知公司所处的发展阶段，提前制定人才队伍建设和发展的规划，并为这些规划的实施创造条件。譬如，为了使公司对高端人才有吸引力，创始人并不急于和外部人才洽谈聘任事宜，而是先让公司发展起来，等公司发展到一定规模并有实力后，再聘任这些人才来公司工作。

在创业初期，和煦公司只有十几名员工，规模较小。创始人和销售人员连续两年从早到晚一起到大街小巷上发广告、做宣传，以发展客户，使公司业务能够运转起来。从这些来源收集到客户信息后，创始人带领员工进行电话营销，推销公司的印刷业务。这些努力为公司带来了许多订单。后来，和煦公司开始拿到越来越多大型企业的订单，使得公司业务得到更大发展。客户数量及其印刷业务的增长给公司带来了利润，公司的资金实力不断增强。

随着印刷业务的不断增长，和煦公司积累了丰富的客户资源、渠道资源和数据信息资源等，于是萌生了新的战略。新的战略体现在两个方面：一方面，公司从只做印刷业务延伸到帮助客户提供其他物品的采购业务；另一方面，公司发展大数据和云平台方面的业务。这种战略创新一方面促使和煦公司努力开发新的技术，如开发和上线工业超市等相关系统模块，以便客户进行物品（如办公文具、运输包装材料等）采购；另一方面促进和煦公司努力从外部寻找和聘任人才。创始人提前做好人才规划，适时引进

领导和管理的时空理论

了拥有深厚技术背景、大企业全面管理经验以及具有求新求变意识的人才,以支持公司开发新的系统,进行平台建设和运营管理。

和煦公司重视将组织层面的发展战略、组织制度、企业文化和价值观等传递给员工,采用"天天讲、月月讲、年年讲"的方式,希望这些能影响员工工作的方方面面。和煦公司不断探索有效的制度激励员工。例如,对销售人员的激励方式,起初主要是根据其总销售业绩给予提成,后来发现当有些销售人员已拥有一定数量的客户后,就会"吃老本",缺乏开发新客户的动力。为此,创始人进行了激励制度的创新。根据新的激励制度,销售人员的提成由两部分构成:一部分是基于原有客户的销售业绩;另一部分是基于新开发客户的销售业绩。这促进了销售人员既要维护好已有客户,又要开发新客户,从而促进了公司的客户数量和销售业绩持续增长。又如,公司的企业文化强调"让员工做自己的领导,做自己未来发展的决策人",欢迎乐观、开朗和自省的员工。创始人会密切关注员工的状态,当发现有员工不适应环境、产生不良情绪并将这些情绪传递给其他同事时,创始人会让该员工的上级与之进行多次沟通,让该员工知晓要适当地控制自己的情绪。在沟通后,创始人还会亲自与该员工谈话交流,倾听员工的想法或遇到的问题,并提出建议和给予帮助,使员工能够重新以良好的状态开展工作。创始人对员工切实的关心和支持,使得员工都特别认同和践行公司的战略、制度和文化。

同时,和煦公司很重视发挥每个员工的积极性、创造性和独特性。创始人会观察每个员工的优势和个性,在公司力所能及的情况下尽可能根据员工需要差异化地对待具有不同优势和个性的员工,让每个员工都能感受到公司的理解和尊重。和煦公司希望每个员工的优势和特点能对整个组织产生积极影响,因此鼓励员工为组织发展献计献策、提出各种好的建议。公司会根据情况采纳员工提出的建议,在实际工作中加以实施,促进自身的不断发展。

综上所述,得出下面领导和管理的原则。

原则3:领导者和管理者要善于促进组织内部微观因素和宏观因素的相

互转换("上下相推")、软实力和硬实力的相互转换("左右相生")、学习和创新的相互转换("前后相随"),产生"溢出效应"(spillover effect),并通过制定相应的组织制度和流程,将这种"三转换"的思维付诸实践,在组织内形成"三相景象"。

从上文论述可以看出,和煦公司的领导者和管理者做到了"层次转换""维度转换"和"动态转换"。

5.2.3.1 层次转换

和煦公司经历了从宏观到微观的转换。和煦公司采取"天天讲、月月讲、年年讲"的方式将组织层面的发展战略、组织制度、企业文化和价值观等传递给员工,对每个员工的工作行为产生积极影响。公司创新的激励制度促进了销售人员既要维护已有客户,又要开发新客户。公司领导对员工的关心和支持也促使员工努力支持和践行组织的战略、制度和文化。

和煦公司也经历了从微观到宏观的转换。公司重视个体对组织发展的促进作用,采取各种措施发挥每个员工的积极性、创造性和独特性,鼓励员工为组织发展献计献策,会根据情况采纳员工提出的建议并在实践中应用,促进组织各个方面的发展。

5.2.3.2 维度转换

和煦公司经历了从软实力到硬实力的转换。一方面,创始人连续两年从早到晚带领员工到大街小巷发广告单、在纸张回收站寻找广告单,再进行电话营销来联系客户,同其洽谈业务,使公司获得了最初的一批客户,并取得了收益。创始人强烈的事业心和信念、以及艰苦奋斗的精神,为公司带来了业务发展和经济效益。另一方面,创始人关于"要运用互联网技术打造一个全新的为客户提供印刷服务的平台,让印刷价格更加透明,更便利地满足客户的印刷服务需要"的信念,促使公司成功开发了基于互联网的印刷平台,其技术实力大大增强。此外,和煦公司后来提出了新的战略,即公司要从只做印刷业务延伸到为客户做其他物品的采购业务、发展大数据和云平台方面的业务，促进了公司加强技术开发，从外部聘任相关技术和管理人才，从而大大提高了公司的人才实力和技术实力。

和煦公司也经历了从硬实力到软实力的转换。公司在基于互联网平台为客户提供印刷服务的过程中，积累了丰富的数据信息、渠道资源和客户资源等，使得公司可以为客户提供更多形式的服务，从而调整了战略方向——从只做印刷业务延伸到其他物品的采购业务，并发展大数据和云平台方面的业务。总之，当公司积累了丰富的客户资源、渠道资源、信息资源以及资金资源等硬实力时，就会提升软实力，体现为公司思考更高层次的战略、开拓更多业务等。

5.2.3.3 动态转换

和煦公司经历了从学习到创新的转换。创始人以往经营过印刷厂，拥有丰富的印刷行业经验，从中学习到了行业和管理等方面的经验，有力地促进了其在印刷行业的创新——创立一家新的基于互联网平台的印刷公司。另外，创始人对以往销售人员激励体系进行了总结和反思，发现了其中的问题，促进了对激励制度的创新，大大提高了销售人员在维持原有客户的同时开发新客户的积极性。

和煦公司也经历了从创新到学习的转换。基于互联网的印刷业务方面的创新，促使创始人在互联网技术和公司经营管理等方面进行快速学习，既要总结和提炼以往在传统印刷行业中积累的经验，也不断地学习外部优秀互联网公司的经验。另外，公司在战略方面的创新，促使公司从外部迅速获取知识和经验，具体形式就是从外部聘任拥有深厚技术背景、全面管理经验以及具有求新求变意识的人才，以支持公司在战略方面的创新，并将创新的战略变成现实。

5.2.4 理论贡献

本章以领导和管理的时空理论的总体框架为基础，以层次分析、维度分析和动态分析三个模型为支持[2-4]，构建了"层维动综合分析模型"，主要的理论贡献包括如下三个方面。

第一，本章是对层次分析、维度分析和动态分析观点的汇总和集合。"层次分析模型""维度分析模型"和"动态分析模型"都基于一个切入点，就领导和管理的某一时空方面分别进行论述[2-4]。本章则是对这三个理论模型主要观点的汇总和集合，并从整体上提出了"三兼顾""三切换"和"三转换"的理论命题。这不仅有助于讨论组织整体现象，而且有助于系统理解和应用领导和管理的时空理论的总体观点和分析框架。

第二，本章是对领导和管理的时空理论的总体框架的扩展。本章扩展了关于层次、维度和动态方面的讨论，并统一对三者的整体情况进行了全面阐述，有效地拓展了领导和管理的时空理论的内容和广度，是对时空理论体系的丰富和发展。

第三，本章是对领导和管理的时空理论的总体框架的深入和细化。本章提出的"三兼顾""三切换"和"三转换"观点，不仅是对层次分析、维度分析和动态分析的综合，在同一框架下同时讨论层次、维度和动态观点，而且促进我们更好地认识这三种分析模型之间的内在联系和综合分析的重要意义，推动领导和管理的时空理论向更为深入系统的方向发展。

5.2.5 实践启示

本章构建的"层维动综合分析模型"，对领导者和管理者在复杂变化的环境下应遵循的认识、分析和解决组织问题的思维和方法进行了讨论。为了丰富领导和管理的时空理论的实践意义，启发更多实践界的领导者和管理者理解、掌握这一理论框架及其对应的实践方法，本章提出领导者和管理者的"六知"目标和境界，以此深化对这些理论观点的理解，帮助其紧密联系实践，促进使用方法可行性、可操作性程度的提高。

具体而言，层维动综合分析模型的主要理论观点强调了领导者和管理者要在时空视角的层次上、维度上和动态上做到"兼顾""切换"和"转换"。

笔者认为，领导者和管理者要以时空理论为总体框架，在空间视角上做到"知微知彰，知柔知刚"，在时间视角上做到"知常知变"（如图5-1），这是进行层维动综合分析所应达到的目标和境界，能够帮助组织取得发展中的持续进步，进而促进社会的和谐和进步。因此，领导者和管理者要以时空理论为总体框架，以"知微知彰，知柔知刚，知常知变"的"六知"作为自身发展的目标和境界，从而不断带领组织朝着健康、和谐、可持续的方向发展。

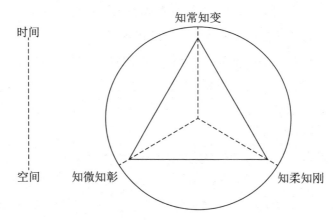

图 5-1　领导者和管理者的"六知"目标和境界图

说明：图形下面的两个角代表领导者和管理者在空间视角上的目标和境界，即"知微知彰，知柔知刚"；图形上面的一个角代表领导者和管理者在时间视角上的目标和境界，即"知常知变"。

参考文献

[1]　陈国权. 领导和管理的时空理论 [J]. 中国管理科学，2017，25（1）：181-196.

[2]　陈国权. 领导和管理的时空理论——层次分析模型 [J]. 技术经济，2018，37（8）：11-19.

[3]　陈国权. 领导和管理的时空理论——维度分析模型 [J]. 技术经济，2018，37（9）：1-9.

[4]　陈国权. 领导和管理的时空理论——动态分析模型 [J]. 技术经济，2018，37（10）：1-10.

[5]　OCASIO W. Towards an attention-based view of the firm[J]. Strategic Management Journal，1997，18（S1）：187-206.

[6] BARNEY J. Firm resources and sustained competitive advantage[J]. Journal of Management, 1991, 17 (1): 99-120.

[7] BARNEY J B. Resource-based theories of competitive advantage: a ten-year retrospective on the resource-based view[J]. Journal of Management, 2001, 27 (6): 643-650.

[8] DRAZIN R, VAN DEN VEN A H. Alternative forms of fit in contingency theory [J]. Administrative Science Quarterly, 1985, 30 (4): 514-539.

[9] FIEDLER F E. Validation and extension of the contingency model of leadership effectiveness: a review of empirical findings[J]. Psychological Bulletin, 1971, 76(2): 128-148.

[10] FIEDLER F E. The contingency model: a theory of leadership effectiveness[M]// LEVINE J M, MORELAND R L. Small Groups: Key Readings. New York: Psychology Press, 2006: 369-382.

第6章 组织内部的时空互动分析

6.1 基于时空互动分析的模型

本章将回到领导和管理的时空理论最初的时空视角,从更为概括和抽象的视角,更为宏观地探讨领导者和管理者为了满足组织发展的实际需要,应如何实现更大跨度的"时空兼顾""时空切换"和"时空转换"。

这里需要说明的是,本章使用的"时间"视角,不仅要讨论包含前面各章中提到的学习和创新这种动态变化能力,而且还包含了这种学习和创新的能力发挥作用的时间窗口期的长度。因为,只有当组织的学习和创新的能力很强,而且这种学习和创新的能力产生作用的时间足够长,组织才会在时间上取得优势。

当然,本章所使用的"空间"视角,依然和前面各章中所提出的多层次和多维度的分析相一致。

在讨论"时空兼顾""时空切换"和"时空转换"之前,本章先提出两个概念,分别是"基于时间视角的优势"(即"时间优势")和"基于空间视角的优势"(即"空间优势")。"领导和管理的时空理论"的核心就是从时间和空间两个视角来对组织进行分析和设计。时间视角强调组织是动态变化的系统,学习和创新是组织获得成功的重要来源，因此，组织"基于时间视角的优势"是指从时间视角看组织所具有的优势，也可以理解为动态优势，也就是组织在可以用来发展的时间窗口期的长度方面以及学习和创新的能力方面具有的优势。这里的时间窗口期取决于内部组织系统和外部环境两个方面。从内部组织系统来看，如果组织专注于核心业务，或行事低调，对外部环境的"挑战"较小而使其他竞争者的"应战"也较小，则能够为组织赢得较长的时间窗口期；从外部环境来看，如果竞争者没有关注到组织及组织所从事的业务，或相关的竞争者较少以及竞争程度较低，则组织也会具有较长的时间窗口期；空间视角强调组织是多层次、多维度的系统，因此，组织"基于空间视角的优势"是指从空间视角看组织所具有的优势，即层次和维度优势，也就是组织在层次管理和维度管理方面的优势，或者组织在各个层次具有的软实力和硬实力优势。

6.1.1 时空兼顾

组织及其所在的外部环境是由时间视角和空间视角共同组成的时空系统，为了更好地应对复杂变化的环境带来的挑战和机遇，组织的领导者和管理者要做到"时空兼顾"，即不仅要从时间视角动态地认识和分析组织，也就是使自己有足够长的发展时间窗口期，并开展学习和创新方面的活动；而且还要从空间视角对存在于各个层次、各个维度的问题进行领导和管理[1]。这也意味着，领导者和管理者要努力树立时空观念，对组织及其所在环境的不同层次、不同维度和随时间发展变化的情况同时予以充分重视。尽管领导者和管理者的注意力等资源是有限的，且组织实际可能无法具备充足的资源支撑两个视角的兼顾，但培养、树立这种全面、系统的分析框架和领导管理理念对组织的健康发展非常重要。由此，本章在领导和管理的时空理论的框架的指导下提出命题6.1。

命题6.1：领导者和管理者要以时空思维为总体框架，在条件允许的情况下，努力做到时空兼顾。

6.1.2 时空切换

实际上，组织在生命周期的各个阶段往往呈现出不同的发展特点，对应不同类型的战略目标，甚至也会在同一阶段面临复杂变化的主要矛盾，这就要求领导者和管理者在对组织的时间和空间进行全局掌控的基础上，在实际操作层面，有重点地、科学地在不同工作重心间进行动态切换。这也回应了在一定时空范围内，组织整体的资源禀赋有限，且领导者和管理者的注意力等资源同样有限的现实条件。这意味着领导者和管理者要在认识和行动层面，在空间上（宏观和微观不同的层次、软实力和硬实力不同的维度）和时间上（可以发展的时间窗口期的长度、学习和创新的能力）有所侧重，这关系到组织的成长路径、发展速度和经营结果，也是对组织全局所进行的理性思考和行动。由此，本章在领导和管理的时空理论的框架的指导下提出命题6.2。

命题6.2：领导者和管理者要以时空思维为总体框架，根据组织发展的实际情况，实现时空切换。

6.1.3 时空转换

由于不同组织发展的初始条件和资源禀赋各有不同，因此随着时间的推移，当内外部环境特征发生改变，组织需针对实际发展需求进行战略重心和资源配置调整。这时，如何将已有优势和原有经营管理重心转换为当前发展所需要的内容，进而形成优势，对组织提升效率、解决问题具有重要意义。由此，领导者和管理者要学会在恰当的时机实现时空转换。

图6-1给出了这类转换的一个说明。其中，横轴代表"基于时间视角的优势"，在这个轴上得分较高意味着组织拥有的用来发展的时间窗口期较长，同时具有良好的学习和创新的能力，善于进行传承和变革；纵轴代表"基于空间视角的优势"，在纵轴上得分较高意味着组织在各个层次上都具有良好

的软实力和硬实力,可能是具有良好的资源禀赋,如雄厚的人、财、物等资源,也可能意味着组织已经建立了科学、完善的组织结构和业务流程,或领导者和管理者有着一定的"先见之明",为组织制定了具有长久生命力的目标战略,拥有广阔的市场前景等。图中箭头直线列举了几种可能的转换路径,圆点表示组织在时间视角和空间视角所对应的条件和水平。

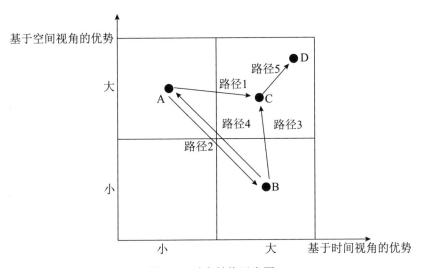

图 6-1 时空转换示意图

说明:横轴代表"基于时间视角的优势",纵轴代表"基于空间视角的优势",得分高分明表示"基于时间视角的优势"大或者"基于空间视角的优势"大。箭头代表可能的转换路径。实心圆点表示组织在"基于时间视角的优势"和"基于空间视角的优势"上所对应的水平。

第一,"基于时间视角的优势"小、"基于空间视角的优势"大:用"空间优势"换"时间优势"。在起始阶段(A 点),组织可能拥有良好的资源禀赋或拥有先进的组织结构和设计,但时间较为紧迫,学习和创新能力相对较弱,这种先天条件能够支撑组织发展一定时间。但当发展到一定阶段后,组织内外部环境对组织的传承和变革提出了更高的要求,这时领导者和管理者可能会支付更多的费用来提升组织内部员工的学习和创新能力,并采取相关的措施来延长学习和创新能力发挥作用的时间(即时间窗口期),或购买其他组织先进的成熟经验,来弥补自身在这方面的缺失,此时,"空间优势"向"时间优势"发生转换。当这种转换没有耗费过多的组织初始优势资源时，转换遵循路径1，达到C点的状态，即"基于空间视角的优势"稍有降低，但"基于时间视角的优势"大幅提升；当这种转换耗费了过度的组织初始优势资源时，转换遵循路径2，达到B点的状态，即"基于时间视角的优势"虽大幅提升，但"基于空间视角的优势"也大幅减少。

第二，"基于时间视角的优势"大、"基于空间视角的优势"小：用"时间优势"换"空间优势"。在起始阶段（B点），组织虽然先天软硬实力较弱，起点较低，但拥有的用来发展的时间窗口期很长，并具有很强的学习和创新能力，这种学习和创新的活力能为组织源源不断地带来新的经验和技术，帮助组织迅速发展产品和服务，并进行迭代。组织在不断发展中扩大规模，持续积累资源，提升人、财、物等储备，并规范人员管理、优化内部结构设计，实现在空间视角方面的进步。当这种转换没有耗费过多的组织初始优势资源时，转换遵循路径3，达到C点的状态，即"基于时间视角的优势"稍有降低，但"基于空间视角的优势"大幅提升，组织发展日趋完善；当这种转换耗费了过度的组织初始优势资源时，转换遵循路径4，达到A点的状态，即"基于空间视角的优势"虽大幅提升，但"基于时间视角的优势"也大幅减少。

第三，"基于时间视角的优势"大、"基于空间视角的优势"大："时间优势"和"空间优势"互换。在起始阶段（C点），组织已经同时具备较好的"时间优势"和"空间优势"，为了应对内外部环境特征的变化，组织持续地在"时间优势"和"空间优势"之间进行转换，根据实际发展需求进行战略重心和资源配置调整，最终不仅帮助组织积累了"基于空间视角的优势"，也锻炼、提升了学习和创新能力，延长了学习和创新能力发挥作用的时间（即时间窗口期），即积累了"基于时间视角的优势"，达到了D点的状态，组织更趋完善。

综上，本章在领导和管理时空理论框架的指导下提出命题6.3。

命题6.3：领导者和管理者要以时空思维为总体框架，妥善地进行时空转换。

6.2 基于时空互动分析的方法

本节将基于前文的理论命题，提出领导者和管理者基于时空总体思维、实现"时空兼顾""时空切换"和"时空转换"的实践方法，以及主要体现出的三个实践原则。下面将以北京汇智软件技术公司（以下简称"汇智公司"）为例对上面的实践方法和原则进行具体阐述。

汇智公司成立于 2001 年，总体上一直保持良好的发展势头，于 2011 年在深圳交易所创业板上市。该公司目前在全国范围内拥有十多家成员企业，员工总数超过 7000 人。公司的业务包括法律科技、智慧教育、市场监管、智能数据、智慧协同、信息技术应用创新等领域，为政府部门和企事业单位提供信息化服务。

汇智公司拥有的资质和认证主要包括："国家高新技术企业""国家规划布局内重点软件企业""信息系统集成及服务大型一级企业""信息系统集成及服务一级资质""涉及国家秘密的计算机集成系统集成甲级资质""武器装备科研生产单位二级保密资格"和"CMMI（软件能力成熟度模型集成）5 级认证"等。

汇智公司获得的荣誉和奖项主要包括："中国软件和信息技术服务综合竞争力百强企业""中国软件业务收入前百家企业""国家企业技术中心""中国软件创新力 20 强""北京市科学技术奖""中关村国家自主创新示范区核心区重点创新型企业"和"中国最佳雇主北京地区 30 强"等。

汇智公司是我国法律科技信息化领域的开拓者和领导者，也是高等教育信息化领域的领先者，在其他多个信息化领域成就显著。伴随中国不断发展的信息化进程，这些年来公司成功地为全国大量的政府机关和企事业单位提供了软件、解决方案和服务。汇智公司一直以振兴民族软件产业为己任，以服务客户为宗旨，在业界享有很好的声誉。

汇智公司的发展大致分为三个阶段。下面分别阐述公司的领导者在这三个阶段中在基于时间和基于空间两个方面的领导实践。

基于时间方面的实践主要包括在争取组织发展的时间窗口期长度方面，以及提高组织的学习和创新能力方面的做法。基于空间方面的实践主要包括在增强组织的软实力（目标和方法系统、利益和权力系统、信仰和价值观系统等）方面，以及增强组织的硬实力（人力系统、财力系统和物力系统等）方面的做法。

（1）第一阶段的实践

1）基于时间方面的实践

① 争取组织发展的时间窗口期长度方面的做法

汇智公司在创立初期，其所从事的业务主要是法院和检察院方面的应用软件。这属于一个很小的细分市场的业务，每个业务项目的规模较小，利润也较少，并不被其他同行软件企业看重。这些同行企业不认为公司关注的这个市场是一块好的蛋糕，所以更多的是开展有利润保证的关于财务、计算机辅助设计（CAD）、办公自动化（OA）、以及社会保障等方面的软件业务，实施的项目也主要是收入比较可观的项目，根本看不上公司实施的十几万或几十万的软件项目。同行的这种做法，给了公司充分发展新业务的时间。

除此之外，公司的经营管理人员行事低调，在开展业务的过程中没有引起其他同行的关注，这样也给公司独立发展法院和检察院方面的软件业务创造了有利的条件、争取了更多的时间。公司有长远的眼光，不太在乎当下业务利润的多少，而是尽全力把每个客户的项目做到最好，在技术、销售、市场、服务等方面让客户满意。公司坚持"有所为有所不为"的原则，只专心于法院和检察院方面的软件这一很小的细分市场，以不断增强自己在这个细分市场的核心竞争能力。而对于其他方面的项目，公司不会投入力量，以免分散精力。后来，公司在实施这些项目的过程中逐步走上了产品化的道路。譬如，在接受海淀法院的软件项目时，同行普遍认为这是一个会亏损的业务，但是公司仍然坚持将该业务高质量地完成。两年后，北京市法律行业的相关单位了解到海淀法院的软件系统运行良好，这使得公司在市场上形成了很好的声誉。这个时候，公司的经营管理层在实践中找到了商机，把原来为海淀法院提供的定制软件系统做成了可复制的和有一定推广潜力的产品，形成了产品导向的发展战略，这为当时的软件行业开创了软件产品化发展的先河。产品化的做法需要公司前期投入大量的资金来研发产品。如果客户数量不够多，就无法支撑产品研发的成本。因此产品化是一条具有较高风险的发展道路。但是，高风险也和高收益挂钩。公司愿意冒这个风险，在这条其他公司不走的道路上前进，从而为其在这个细分领域的发展争取到了足够多的时间。

其实，当时在这个市场上有很多同行企业，有些甚至比公司起步更早、实力更强，但是如今规模却远不如公司。这是因为这些同行企业当时只做那些利润可观的定制化项目，没有选择产品化的发展道路，导致其无法在后期迅速扩大发展规模、满足市场需要。因此，公司后来异军突起，发展成为了这个行业的龙头企业。

总之，在这个阶段，公司是通过从事其他同行不关注的新的蓝海市场、低调行事，以及走一条新的产品化发展道路，以避免同行的关注和竞争，从而赢得了发展的时间。

② 提高组织的学习和创新能力方面的做法

在发展初期，公司会通过不断地自省来发现自身发展过程中正确和错误的做法，并进行及时的修正和调整。公司以这种方式进行迭代，并对其经营管理方式和产品业务等方面不断地改进和提升。

2）基于空间方面的实践

① 在增强组织的软实力方面的做法

在发展早期，汇智公司并没有具体的文字化的战略和制定战略的具体工具。但是，公司在行动中会自然而然地根据自己的具体情况，将战略定位在软件行业，遵从市场导向，在获得软件业务订单后便会认真落实行动，始终坚守将项目做好的信条。

汇智公司刚成立的时候，也没有建立明确的管理制度。创始人几乎对所有事情都要进行掌控，亲力亲为地管理员工和客户。譬如，当员工规模在50人以内的时候，公司在管理上采用分小组管理的模式，创始人对这些小组进行统筹管理。当时员工人数有限,每个人的工作绩效和工作态度很容易被识别,员工每月的薪酬水平都由创始人直接决定。为了激励员工,每个月发放工资之后,创始人会同每位员工进行交流,谈论员工在该月工作中表现出的优异之处和不足之处,还会通过发放红包的方式进行鼓励,并根据市场考核和绩效表现对员工进行提拔。尽管当时没有明确的薪酬制度和激励制度,但是这种根据领导者个人的观察和评定的方式也取得了良好的效果。

在最初创业的时候,公司很重视组织文化和团队凝聚力方面的建设,在这方面比多数同行企业做得更好一些。尽管此时公司并没有书面的组织文化,但是公司会通过每件具体事情的处理来体现组织的文化和价值观,从而影响员工的行为,使员工对自身的行为不断地自省和修正。除此之外,公司还通过各级管理层的行动来践行和传播组织的文化。譬如,不诚实的行为是被明令禁止的。这方面有几个例子。第一,公司在公用电话旁配备了记录本,并且向员工明确说明,在提前登记的情况下,允许员工用公用电话打私人长途电话,公司舍得为员工担负费用,但是要求员工不隐瞒、诚实地表明自己打过电话。有一次,某位员工使用公司的公用电话打私人电话,但是对此进行了隐瞒。尽管该员工在工作上表现很优秀,但是因为其违背了组织价值观的要求而被辞退了。通过这件事情的处理,其他员工也更明确地认识到,不诚实的行为是同组织的价值观相违背的,是不被允许、不被接受的。第二,公司在考勤方面也特别强调诚实的重要性。公司在成立之初就没有采取打卡制度,考勤由员工自行填写。员工最初是用笔填写工作时间,引入互联网之后,员工在网上系统中进行填写。这种制度的实行,需要良好的价值观体系作为保障。第三,公司发展初期,在社会上的市场交易中,人员收回扣的行为比较普遍,但是这种行为在公司是不被允许的,因为这明显同公司的价值观不一致。有一次,公司的一位前台员工在为公司员工订餐时,有餐厅人员给了他一个装有回扣的信封。当时该员工收到这个信封,但是他不知道信封里面装的是什么东西。后来,他发现信封中有回扣时感到很惶恐,就主动找到创始人说明情况。创始人当即表示,回扣交公了,这件事就不做处理了。总之，收回扣这种事情在公司是被坚决禁止的。

② 在增强组织的硬实力方面的做法

在最初创业的时候，创始人面对的是"一穷二白"的情境。他一个人开始创业，一切从零开始。在当时市场竞争的环境中，竞争对手都比自身强大。公司在人力、财力和物力等硬实力方面都处于劣势。后来，随着业务的发展，公司逐渐积累了资金实力，同时通过滚雪球的方式将赚得的资金投入新的发展过程中，使得资金实力逐步增强。

（2）第二阶段的实践

1）基于时间方面的实践

① 争取组织发展的时间窗口期长度方面的做法

在这个阶段，汇智公司主要是通过在内部采用具有可持续发展能力的方法，使自己能争取到更长的时间窗口期。譬如，创始人关于组织发展强调以下三个要点：第一，注重长远，稳扎稳打，不冒进，不盲目追求眼前利润。创始人认为，初始阶段的盈利不是很重要，但是要关注公司在行业中的排位，因为不占有市场就没有生存的机会。这个排位应该是一个综合的指标，而不应该是单一的盈利指标。公司要可持续地和谐发展，需要练好内功，技术和内部管理必须跟得上公司的发展。当时正是互联网快速发展的时期，公司没有跟风去投资建网站，这也是因为创始人的性格相对保守，不是很激进，快速赚钱的欲望也不是很强烈。第二，专注主营，稳健发展。公司着眼于将当前的业务做到最好，无论是在法院还是在检察院的软件领域都走在行业的最前面。公司在做好主营业务的同时，会根据市场情况逐步扩张到其他一些相关的业务领域，而不会进行跳跃性的扩张（比如进入海关和税务等领域）。公司只有在具备生存能力之后才会考虑扩张，不然会因为资金链断裂影响自己的生存和长远发展。第三，厚积薄发。软件企业在初期会比较艰苦，得不到客户认可的时候，必须努力坚持、抗住压力。一个软件不可能很快就被开发出来，团队需要不断地磨合和摸索研究，这样才能积累经验、厚积薄发。

总之，汇智公司在这个阶段采取的措施包括：注重长远、步步为营；

关注主营业务、稳健发展、"细水长流"式地使用资金以确保资金链的安全；持续积累、厚积薄发。这些措施使得公司的发展节奏和速度始终和自己拥有的资源和能力相匹配，从而使公司获得足够长的发展时间。

② 提高组织的学习和创新能力方面的做法

在这个阶段，汇智公司对学习很重视，每年给员工 16 天的假期来阅读公司发放的书籍。这些书包括《没有任何借口》《狼图腾》等。公司还经常外聘教授和专家对管理层人员进行培训。

创始人在公司出现困难的时候，会在网上写一些随笔，鼓励大家献计献策、克服困难。他会随时记录自己的亲身经历和感受同大家分享，还会把公司的发展历程介绍给新员工，老员工们也会分享自己的一些感受和体会。

汇智公司采用高管例会和部门经理例会等方式来分享信息、沟通情况。公司采用师傅带徒弟的方式手把手地传递知识和经验。研发过程结束后，团队组长会总结经验，对相关人员进行培训、分享知识和经验。公司还鼓励员工形成各种兴趣小组，总结归纳散落在各个项目组中的知识和经验，再传播给各项目组的成员。

公司很注重反思式学习，每次开会后都会保留很多正式的总结文件。骨干层员工善于在其业务领域总结过去的经验和教训，对今后可能出现的情况进行分析和预测，并采取相应的行动进行应对。

2）基于空间方面的实践

① 在增强组织的软实力方面的做法

汇智公司在发展过程中，对发展的战略、路径和方法不断地进行迭代和更新。公司聘请专业的咨询公司对其战略进行改进和明确，对组织结构进行梳理和调整，逐步建设相关的制度。譬如，在人力资源管理制度的建设上，公司委托专业的咨询公司提供服务，主要关注员工的绩效管理和薪酬管理，包括绩效目标制定、绩效考核、薪酬设置规定、提职提薪规定等。而在行政制度方面的建设，则主要由公司内部制定，譬如休假制度等。

公司特别强调组织内外部的利益分配和利益关系。譬如，公司一直强调要为客户创造价值，为政府提供税收，为股东创造财富，为员工带来美好的生活。在权力分配方面，公司将权力逐步下放给各个部门。譬如，部门可以提出提薪方案，公司高层管理者对方案进行审核，只要方案合理就批准实施。

公司在这个阶段也特别强调组织文化的建设。这个时候组织文化的特色主要表现在以下几个方面：追求事业和成就，为客户和社会创造价值，强调为员工带来利益，强调团队意识，建立信任、宽松、亲情和快乐的氛围等。

由于组织的软实力体系的建设，创始人个人的领导方式跟第一个阶段相比，发生了很大的变化。此时，创始人的管理视角更为宏观，只关注制定战略、明确公司的重点产品、关注行业里的重点客户、监督政策的落实，而不再事必躬亲了。

② 在增强组织的硬实力方面的做法

汇智公司重视人力资源系统的建设。公司引进人才主要是通过校园招聘选拔应届本科生和研究生。通过这种方式，一方面员工能够对组织文化有更好的了解，更容易融入组织中，更主动地担当组织文化的代言人，从而影响到更多的员工；另一方面，这些员工是伴随着公司的发展而发展的，他们在和公司共同成长的过程中提升了对公司的忠诚度，拥有主人翁意识，从而使组织内部更加协调，也有利于公司中形成轻松的人际关系和快乐的工作氛围。

公司重视新员工的入职培训。公司要求新员工学习三大诉讼法并进行考试，要求技术人员既要懂得技术又要懂得客户的业务，这样的员工才能得到重点培养和提拔。只懂技术的员工通常只能在技术方向上发展，其带给公司的价值远远没有既懂技术又懂业务的员工带来的价值大。

公司在上市之前没有进行分红，全部盈利都作为流动资金或者研发投入，投入公司的进一步发展建设中，推动了公司业务的发展。这种做法不断增强了公司在技术和资金方面的实力。

（3）第三阶段的实践

在这个阶段，汇智公司发展形成了汇智集团公司（以下简称为"汇智集团公司"或"集团公司"），拥有了十几家成员企业，其中有一家成员企业已经上市了。整个集团公司在人员规模、产品类型、客户数量、市场规模、技术实力、资金实力等方面的实力都得到了很大的增强。

1）基于时间方面的实践

① 争取组织发展的时间窗口期长度方面的做法

在这个阶段，汇智集团公司已经建立起了较强的竞争实力和地位，形成了较高的行业壁垒，具备了较强的应对外部挑战和竞争的能力，使自己的长期发展得到了较好的保障。集团公司一直特别强调对客户的持续服务、为客户进行产品的更新换代，这些做法使得集团公司留住了老客户，同时新客户也在不断增加，保障了客户的数量。庞大的客户群体和良好的客户服务为集团公司的长期发展建立了良好的基础。另外还有特别重要的一点，那就是集团公司特别强调要处理好同政府、股东和合作伙伴等利益相关者之间的关系。集团公司坚持按要求为国家和地方政府纳税，做一个既守法又对社会有益的好公民；集团公司同各个股东和合作伙伴之间开展合理的利益共享，做一个友好的合作伙伴；集团公司关注管理层和员工的利益，对管理者有股权激励，对员工有各种奖励措施，做一个值得信赖的"家长"。创始人自己以身作则，不拿高工资，也较少涨工资，但对各级管理者和员工的利益总是很关注，让管理者和员工能够分享集团公司发展带来的成果。总之，集团公司通过增强自身的实力、提高自己的合法地位、建立内外部良好的合作关系，从而为自己的长期发展创造了充足的时间条件。

② 提高组织的学习和创新能力方面的做法

汇智集团公司在发展的过程中，不断反思、修正和调整，采取总结讨论机制进行内部学习，不断提高学习和创新能力。可以说，集团公司的领导者们一直保持着清醒的头脑。

每个季度，集团公司层面召开董事会，子公司负责人进行述职，阐述该季度子公司所做的工作以及存在的问题。参会人员充分沟通、畅所欲言、进行建设性的讨论和交流。

每年年末，集团公司下属各公司的经理层召开总结会，会上一律不鼓励发言人进行流水账式的叙述、不鼓励歌功颂德，而是鼓励其提出其发现公司存在的问题、并针对这些问题提出具体的改进计划。问题提得越具体、计划制定得越好,其在总结会上的表现就越出色。在经理层的会议结束之后,集团公司会把总结出来的问题和计划传达到核心管理层,核心管理层再进行发散式的讨论。创始人认为,优秀的负责人在工作中承担的责任越多,发现的问题就越多,就越有利于集团公司的改进和发展;人只要做事就一定会犯错误,公司在发展的过程中没有问题是不正常的,没有问题的公司就是走向衰退的公司,有问题的公司才是蒸蒸日上的公司。

在上面提到的总结会中,参会人员可以畅所欲言,主要是因为集团公司建立了一种不追究责任的机制。集团公司对一般问题是不追究责任的,除非该问题是由于个人工作疏忽或者故意犯错导致的。如果是在正常工作的情况下出现的问题,员工可以对整个过程进行分析和总结,探讨可能是哪些方面出了问题,以后应该如何进行规避。集团公司希望员工可以在出了问题之后主动承担责任,从自身责任的角度思考,从中得到成长。集团公司认为,只有勇于承担责任的员工才会有发展的空间。当然,集团公司更希望员工要在反思和学习后取得更好的业绩。因为只有反思和学习而没有取得业绩是没有意义的。

特别需要提出的是,在这个阶段,汇智集团公司成立了汇智大学,其目标主要包括三点:第一是提升各个子公司高层管理人员的能力;第二是辅助各个子公司提升中层管理人员的能力;第三是提供基层管理人员学习的平台。

对于高层管理人员,汇智集团公司会统一组织学习和培训。在建立汇智大学之前,集团公司会把高层管理人员都送到大学参加相关课程的学习。但是如果全集团公司的高层管理人员都去大学参加学习,成本是很高的。汇智大学成立以后,集团公司将高校教授请到汇智大学授课,期望通过专业课程的讲授启迪高层管理人员的思维,促进他们不断地思考和反省、开拓思路、扩展格局、产生潜移默化的转变,从而使高层管理人员的素质和能力得到提升。譬如,汇智大学请某大学的老师给高层管理人员讲授平台创新方面的课程,集团公司要求高层管理人员按照老师所讲,以各个业务模块牵头人的角色,结合自己的实际工作,制定自己负责的业务模块的战略,然后所有人将其制定的业务模块战略整合到整个集团公司的战略之中。这次培训之后,大家在战略的理解和制定方面取得了很大的进步,对于平台战略也有了初步的设想。

对于中层管理人员的培训,汇智大学会协助子公司寻找课程、推荐课程和制定培养方案,以提升中层管理人员的管理能力。相关培训主要由各个子公司单独组织,这主要是因为中层管理人员的规模较大,集团公司统一组织会过于繁杂。

对于基层管理人员的培训,汇智大学建立了网上的学习平台。网上的课程结束后,基层管理人员会收到预留的作业。课后,基层管理人员要围绕自己所在子公司的问题进行思考并完成作业,还要在公司内部开展交流活动。

2）基于空间方面的实践

① 在增强组织的软实力方面的做法

汇智集团公司是控股公司,拥有多家子公司。集团公司会搭建战略框架,依靠法人治理结构和制度对子公司进行监管,规定子公司负责的业务类型,提出子公司需要达到的绩效目标,协调各个子公司之间的共同发展。但是,集团公司不会干预子公司的日常经营。子公司通过公司章程可以明确知晓自己公司的权限,确立总经理议事规则,通过会议贯彻集团公司的战略,同集团公司签订自己公司的任务目标。

汇智集团公司会对子公司充分授权。集团公司允许各个子公司在符合集团公司管控点的前提下,单独建立自己的管理制度。集团公司只负责从内部控制的角度对子公司的管理制度进行审核,使其符合相关的要求。集团公司监管的方面主要有采购流程、合同签订规范、财务规范、人力资源管理规范等方面。有些子公司规模比较小,不需要复杂的制度,因此可以简化相关的制度,以降低管理成本。但是,子公司的财务制度是由集团公司制定的,子公司必须遵照执行。此外,集团公司规定,集团公司的员工被委派到子公司任职时,并不存在上下级关系。譬如,集团公司的人力资源总监被委派到某个子公司,他（她）影响该子公司人力资源总监的职责发挥的情况是不被允许的。因为子公司有其自身的特性，集团公司的理解未必是正确的。

汇智集团公司会依靠董事会来实施其对子公司的影响。譬如，集团公司会对整个集团的人力资源制度进行建设，组织各个子公司的相关人员进行培训，传递相应的思想，同时也会将子公司的制度中比较好的部分进行总结和吸收，纳入到整个集团公司的制度体系中，再传播到其他子公司中。总之，集团公司通过组织子公司的管理人员进行分享来总结经验，然后通过董事会将这些好的经验进行全面的传播。

在这个阶段，创始人的管理视角又有所改变。他曾说："十个人有十个人的管理方式，一百人有一百人的管理方式，一千人有一千人的管理方式。人越多，我管理得越少，越是充分授权。"在这个阶段，集团公司的人数已经达到几千人，创始人不再直接处理子公司的事务，不参与子公司的讨论，不参与具体计划的制定和业务落实的过程，但还是会召开董事会以听取各个子公司领导的述职。创始人将视线更多地关注到集团公司的战略和管理结构上，主要包括集团公司的整体战略、法人治理结构、内控管理、风险防范、子公司的资源保障、集团内部的协同体系等方面。

在这个阶段，汇智集团公司特别重视利益和权力分配机制的调整。譬如，集团公司将人员提拔机制调整为公开、公正、公平的竞聘机制。在具体的实施过程中，竞聘者一方面要阐明自己的优点、表现出自身的能力；另一方面也要提出他（她）看到的集团公司存在的问题、面对的机会和挑战，并提出具体的应对措施和改进方案。集团公司第一次组织竞聘活动的时候，很多员工认为这是形式主义，直到竞聘结束以后大家才服气，觉得竞聘上岗的人确实应该得到提拔。此后，有些人虽然认为自身能力不够，但是仍然想报名参加竞聘，以展示自己的才能；即使竞聘失败，也想把自己的想法贡献给公司。总之，这种竞聘上岗的提拔机制取得了较好的效果。

汇智集团公司还通过明确社会责任方面的行为来为包括员工在内的社会各界履行责任和义务。譬如，集团公司在社会责任方面总的口号是"共建智慧美好的社会"，并从以下几个方面进一步明确了具体的内容，包括："服务社会"（科技推动社会发展），"汇智家庭"（注重家庭参与，传递汇智文化),"助力环保"(节能减排,提倡可持续生态理念),"公益参与"(搭建公益参与平台,助力员工履行社会责任),"助学夏令营"(体验多元课程,提升综合能力),"阅读支持"(用艺术开启阅读世界的大门),"成长法保"(助力青少年提升法律意识及素养)。

在这个阶段,集团公司已经建立了比较完善的组织文化,具体体现在以下几个方面:企业愿景是"助力客户共建智慧美好的社会";企业使命是"持续创新,成就客户";企业定位是"值得信赖的智慧信息服务专家";企业精神是"自强不息,厚德载物";核心价值观是"创造客户价值,促进员工发展,实现股东利益,贡献和谐社会";工作理念是"真诚信任,简单阳光,尊重欣赏,和而不同,坚韧笃行,协作奋进,健康发展事业,快乐享受生活"。总之,从这些具体的表述可以看出,集团公司的组织文化兼顾了各个利益相关方、兼顾了各个角度、兼顾了各个时间点,是一种比较成熟的组织文化。

② 在增强组织的硬实力方面的做法

汇智集团公司一直很重视人力资源队伍的建设,以支持公司多项业务的开展。公司除了采用传统的校园招聘来获得人才以外,还会通过引进相关的业界专家来解决特别的人才需求。譬如,汇智元典是汇智集团控股的子公司,是一家从事人工智能法律科技相关业务的公司。汇智元典公司在成立时,便形成了明确的战略定位,要做中国最好的法律知识库,也可称为法律人工智能知识库。今后,人们只要是对法律方面的问题存在疑问,都可以到汇智元典公司的法律人工智能知识库中找到解决办法。譬如,要了解合同审查是否合规,就可以询问人工智能知识库。元典公司曾明确指出,公司的发展类似长跑,要比拼耐力,要使人力、财力和物力跟得上公司的发展。在人力方面,元典公司聘请了很多以前从事法官和检察官等相关职业的人员,使公司既拥有了法律专业人员,又囊括了最优秀的技术人员,从而保障了公司业务的发展。

汇智集团公司在资金的使用上一直比较注重将资金投入组织的持续发展中。有一家成员公司上市之后仅仅进行过一次大规模的分红,后来的分红都控制在有限的和小规模的范围内,保证符合上市公司分红政策即可,主要方针还是把资金留在公司中用于进一步的发展,因为公司快速发展带给股东的收益会高于分红带来的收益。在融资方面,公司通过定增和换股等方式来获得所需要的资金。这些资金可以用来拓展业务。譬如,公司通过并购的方式,将业务拓展到了智慧教育、办公自动化网络系统、食品安全监管等领域。

汇智集团公司在北京的办公地点位于清华科技大厦,包括两个楼层。此外,公司还在大连建立了研发中心,配备了一栋楼房作为办公地点。该楼建设在半山中,周边有相应的配套设施,环境良好。楼里还设有健身房,配备了各种健身器材,使员工有机会强身健体。

6.2.1 时空兼顾的实践方法

原则1:领导者和管理者在认识、分析、处理和解决各类组织问题时,要树立全面、系统的时空兼顾观念,并通过制定相应的组织制度和流程,尽可能地将这种"时空兼顾"思维付诸实践。

从上文论述可以看出,创始人对基于时间的优势和基于空间的优势一直都很重视,并有具体的行动和措施。

在第一阶段,创始人兼顾了对基于时间的优势和基于空间的优势的重视。

在提升时间优势方面有两种做法。一方面,通过从事其他同行不关注的新的蓝海市场、走一条新的产品化发展道路,以避免同行的关注和竞争,从而赢得了发展的时间。另一方面,还通过不断地自省来发现自身发展过程中的对错之处,进行及时的修正和调整;公司以这种方式进行迭代,对其经营管理方式和产品业务等方面不断地进行改进和提升。这些做法提升了组织的学习和创新的能力。

在提升空间优势方面也有两种做法。一方面,在初创时期,创始人尽管没有形成书面的战略、制度和文化,但是会通过自身的经验进行这方面的领导工作,尤其是通过思考制定战略、通过观察进行员工和客户的管理、通过具体的事情来确定和传达组织的价值观、行为准则和文化。这些做法提高了组织的软实力。另一方面,在初创时期,创始人在人力、财力、物力等这些硬实力方面都不够强大,但后来随着业务的发展,公司逐渐积累了资金实力,并通过滚雪球的方式将赚得的资金投入新的发展过程中,使得资金实力不断增强。这些做法提高了组织的硬实力。

在第二阶段,创始人兼顾了对基于时间的优势和基于空间的优势的重视。

在提升时间优势方面有两种做法。一方面,公司在这个阶段采取了一系列的措施(包括:注重长远、步步为营;关注重点业务、稳健发展、"细水长流"式地使用资金以确保资金链的安全;持续积累、厚积薄发),使得公司的发展节奏和速度始终和自身拥有的资源和能力相匹配,从而赢得了发展的时间。另一方面,公司通过开展读书、培训、员工之间的分享交流、鼓励员工谏言、师傅带徒弟、反思、将经验教训文档化、将经验教训用于实践等活动,提升了组织的学习和创新的能力。

在提升空间优势方面也有两种做法。一方面,公司对发展的战略、路径和方法不断地进行迭代更新;聘请外部专业的咨询公司对其战略进行改进和明确、对组织结构进行梳理和调整、逐步建设相关的制度,同时也依靠自身制定有关的行政制度;公司不断建立和理顺组织内外部的利益关系,在权力方面将权力逐步下放给各个部门;公司还系统地建设组织文化,具体包括以下特色:追求事业和成就,为客户和社会创造价值,强调为员工带来利益,强调团队意识,建立信任、宽松、亲情和快乐的氛围等。这些做法提高了组织的软实力。另一方面,公司重视人力资源系统的建设,通过校园招聘选拔应届本科生和研究生,重视新员工的入职培训和考试,以提高人员的素质;公司在这个阶段几乎没有进行分红,全部盈利都投入公司的进一步发展建设中,推动了公司业务的发展,不断增强公司在技术和资金方面的实力。这些做法提高了组织的硬实力。

在第三阶段，创始人也兼顾了对基于时间的优势和基于空间的优势的重视。

在提升时间优势方面有两种做法。一方面，集团公司通过增强自身的实力、提高自己的合法地位、建立内外部良好的合作关系，为自己的长期发展建立了坚实的基础，从而赢得了发展的时间。另一方面，集团公司始终保持清醒的头脑，建立了一种不追究责任的机制，鼓励管理者和员工在总结会上谈问题、做反思、求改进、畅所欲言、充分沟通；成立了汇智大学，加强对高层管理人员、中层管理人员和基层管理人员的培训，并强调学以致用，解决工作中的实际问题。这些做法提升了组织学习和创新的能力。

在提升空间优势方面也有两种做法。一方面，集团公司搭建了战略框架，依靠法人治理结构和制度对子公司进行监管，规定子公司负责的业务类型，提出子公司需要达到的绩效目标，协调各个子公司之间的共同发展；集团公司对子公司充分授权，允许各个子公司在符合集团公司管控点的前提下，单独建立自己的管理制度；集团公司会依靠董事会来实施其对子公司的影响；集团公司特别重视利益和权力分配机制的调整，譬如将人员提拔机制调整为公开、公正、公平的竞聘机制；集团公司还通过明确社会责任方面的行为来为包括员工在内的社会各界履行责任和义务；集团公司已经建立了比较完善和成熟的组织文化。这些做法提高了组织的软实力。另一方面，集团公司一直很重视人力资源队伍的建设，以支持公司多项业务的开展。集团公司除了采用传统的校园招聘来获得人才以外，还会通过引进相关的业界专家来解决特别的人才需求；集团公司在资金的使用上一直比较注重将资金投入组织的持续发展中，在融资方面会通过定增和换股等方式来获得资金，用这些资金来拓展业务；集团公司在北京的办公地点位于清华科技大厦（包括两个楼层），还在大连建立了研发中心，配备了一栋楼房作为办公地点，具有良好的配套设施，使员工有机会强身健体。这些做法提高了组织的硬实力。

6.2.2 时空切换的实践方法

原则2：领导者和管理者要更加深入地优化思路、改变行动惯性，在特定的情况下，基于有限的资源条件，对时间视角下的问题和空间视角下的问题的重要性和紧迫性加以区分和排序，对工作重心加以切换。即在有些情况下，强调解决时间视角下的问题，在有些情况下重点解决空间视角下的问题，并通过制定相应组织制度和流程，尽可能地将这种"时空切换"思维付诸实践。

从上文的论述中可以看出，创始人对基于时间的优势和基于空间的优势虽然都是兼顾的，但还是有不同的侧重点。

在第一阶段，创始人关注的重点是基于时间的优势。创始人这个阶段的工作主要有两个方面。一方面，通过从事其他同行不关注的新的蓝海市场、行事低调、走一条新的产品化发展道路，以避免同行的关注和竞争，从而赢得了发展的时间。另一方面，通过不断地自省来发现自身发展过程中的对错之处，进行及时的修正和调整；公司以这种方式进行迭代，对其经营管理方式和产品业务等方面不断地进行改进和提升。这些做法提升了组织的学习和创新的能力。

在第二阶段，创始人关注的重点是基于空间的优势。创始人在这个阶段的工作主要包括：公司对发展的战略、路径和方法不断地进行迭代更新；聘请外部专业的咨询公司对其战略进行改进和明确、对组织结构进行梳理和调整、逐步建设相关的制度，同时也依靠自身开展有关行政制度方面的建设；公司不断建立和理顺组织内外部的利益分配和利益关系，在权力方面将权力逐步下放给各个部门；公司还系统地建设组织文化，具体包括以下特色：追求事业和成就，为客户和社会创造价值，强调为员工带来利益，强调团队意识，建立信任、宽松、亲情和快乐的氛围等。这些做法提高了组织的软实力。另一方面，公司重视人力资源系统的建设，通过校园招聘选拔应届本科生和研究生，重视新员工的入职培训和考试，以提高人员的素质；公司在这个阶段几乎没有进行分红，全部盈利都投入公司的进一步发展建设中，推动了公司业务的发展，不断增强公司在技术和资金方面的实力。这些做法提高了组织的硬实力。

在第三阶段，创始人关注的重点是基于时间的优势。在提升时间优势方面有两种做法。一方面，集团公司通过增强自身的实力、提高自己的合法地位、建立内外部良好的合作关系，为自己的长期发展建立了坚实的基础，从而赢得了发展的时间。另一方面，集团公司通过始终保持清醒的头脑，建立一种不追究责任的机制，鼓励管理者和员工在总结会上进行谈问题、做反思、求改进、畅所欲言、充分沟通；成立汇智大学，加强对高层管理人员、中层管理人员和基层管理人员的培训，并强调学以致用，解决工作上的实际问题。这些做法提升了组织的学习和创新的能力。

6.2.3 时空转换的实践方法

原则3：领导者和管理者要善于促进组织内部发生有机互动和循环，根据组织发展的内外部特征，针对处于优势地位和劣势地位的资源禀赋，学会战略性地在恰当的时机实现时间和空间的转换。即在有些时空环境下将"基于空间视角的优势"转换成"基于时间视角的优势"，在有些时空环境下将"基于时间视角的优势"转换成"基于空间视角的优势"，在有些时空环境下实现更好的"基于时间视角的优势"和"基于空间视角的优势"。并通过制定相应组织制度和流程，尽可能地将这种"时空转换"思维付诸实践。

从上文的论述中可以看出，创始人进行了基于时间的优势和基于空间的优势之间的转化工作，具体如下。

在第一阶段，创始人将基于时间的优势转化为基于空间的优势。

创始人在这个阶段的重点是采用相应的措施为公司赢得发展的时间，以及提升学习和创新能力，进而促进公司业务的发展和资金实力的增强，并带动人力和物力的增强，以及组织制度和体系的发展。

在第二阶段，创始人将基于空间的优势转化为基于时间的优势。

创始人在这个阶段的重点是采取相应的措施对公司的软实力（如发展

的战略、路径和方法，结构和制度，利益和权力关系，组织文化等）和硬实力（如人力、财力、物力等）进行发展，然后为公司的长远发展赢得时间，以及提升学习和创新的能力。

在第三阶段，创始人将基于时间的优势转化为基于空间的优势。

创始人在这个阶段的重点是通过拥有强大的实力、合法的地位、良好的关系等为自己的长期发展建立了坚实的基础，从而赢得了发展的时间；始终保持清醒的头脑，建立一种不追究责任的机制，鼓励管理者和员工在总结会上谈问题、做反思、求改进、畅所欲言、充分沟通，不断改进；创建汇智大学，加强对各级管理人员的培训，强调学以致用，解决工作上的实际问题。这些措施提升了组织的学习和创新的能力。进一步地，这些基于时间的优势大大促进了公司在基于空间的优势（包括组织层次的软实力和硬实力）方面的发展。

参考文献

[1] 陈国权.领导和管理的时空理论[J].中国管理科学，2017，25（1）：181-196.

第7章 组织和外部环境的竞争互动分析

前面各章主要是在阐述领导者和管理者应该如何加强组织自身的建设来提升组织的能力和成效。然而，组织处在环境之中，组织和外部的竞争有时候是不可避免的。因此，带领组织在和外部的竞争中获胜，是领导者和管理者的重要任务。笔者认为，领导者和管理者可以从时间视角和空间视角（包括空间层次和空间维度）来认识、分析和解决问题[1]。因此，下面将阐述领导者和管理者在组织和外部竞争互动的视角下应该具有的领导和管理能力。

7.1 基于空间层次的竞争互动视角下的模型和方法

基于空间视角的层次方面，领导者和管理者可以采用两种领导策略，第一种是升层策略，第二种是降层策略。

7.1.1 升层策略

所谓升层策略,是指领导者和管理者通过提升分析问题的层次来获得竞争的胜利。这里有一些具体的实例。

在军事上,领导者和管理者可以提升自己的思维层次,扩大自己思考的范围,从而在竞争中获得胜利。下面用几个例子来说明。

在第二次世界大战期间发生的"考文垂事件",就是英国首相丘吉尔采用升层策略,从而以小地换大地、取得抗击德国入侵胜利的一个重要实例。在第二次世界大战期间,有一次德军计划对英国城市考文垂进行轰炸。此时,英国科学家破解了德军的情报密码系统,知晓了德军的作战计划。但是,当时英国首相丘吉尔考虑到破解德军的情报密码系统意义重大,将对今后整个英德之间的战争格局产生重要的影响。丘吉尔考虑到考文垂是一座小城,为了争取今后更大的战争利益,就没有对考文垂采取任何的防御措施,考文垂遭受了德军惨重的打击。英国的这种反应使德军相信英国人并没有破解自己的情报密码系统,因此在后来的战争中仍然继续沿用此密码系统。后来,英国人凭着对德军情报密码系统的了解,几次获取德军的重大军事行动情报,挫败了德军的计划,对德军进行了沉重的打击,不断在战场上取得胜利。最后,随着盟军诺曼底登陆作战计划的实施,身处同盟国大阵营的英国取得了对德国作战的胜利。

在中国的抗战时期,中国共产党的领导人成功地处理了西安事变,从而促进了国共合作、一致对外,为抗战的胜利创造了有利的条件。西安事变中,张学良和杨虎城囚禁了蒋介石,国内的形势和局面处于动荡之中,不利于对外抗战。以毛泽东为首的中国共产党领导集体在重要的历史关头,为了维护全国总体的抗战局面,团结所有的抗日力量,主张释放蒋介石,发挥蒋介石在全国抗战中的作用,促成了国共合作、一致对外,形成了全国人民统一抗战的良好局面。以毛泽东为首的中国共产党领导集体在面对当时的重大变局时,没有计较国共两党之间过去的恩怨,而是站在国家和民族的层次上考虑问题,把握时机做出了正确的决策,为最后取得全国抗战的胜利建立了坚实的基础。这个实例反映了以毛泽东为首的中国共产党领导集体在反对帝国主义战争中的升层策略。

我们都熟知在名著《三国演义》中诸葛亮用空城计在西城退兵的故事。马谡守街亭失利后，司马懿带领十几万大军乘胜兵临西城。由于诸葛亮此前已安排大部分蜀军撤退，此时西城守军只有两千多人，根本无法和司马懿抗衡。诸葛亮在危机形势之下，不得不下一步险棋，采用心理战迎敌。诸葛亮下令打开所有城门、隐藏旌旗，让几十名士兵扮成老百姓在各个城门口打扫街道；诸葛亮自己则登上城楼，镇定自若，弹出优雅的琴声，并在其左右安排书童陪伴。司马懿生性多疑，见到此情此景，怀疑城中必有重兵等待伏击，于是下令退兵，诸葛亮成功脱险。针对这个故事，一般的看法认为，诸葛亮是充分掌握了司马懿谨慎多疑的心理特点，加上自己沉着冷静的心理素质，采用空城计成功解围。但是，还有另外一种看法认为，司马懿之所以退兵，也是经过深思熟虑，采用了将计就计的策略。司马懿一方面是担心诸葛亮在城内安排了重兵驻守，另一方面更是考虑到留着诸葛亮这个对手对其维持在曹家政权中的地位具有重大的积极意义。司马懿如果冲进城内拿下了诸葛亮，虽然在局部取得了小胜利，但在更大的范围来看，司马懿也就失去了其在曹家政权中存在的意义，从全局上将是一个巨大的失败。因此，司马懿对诸葛亮的"空城计"的"将计就计"，说明了在决策中提升思考的层次和范围的重要性。司马懿先是暂时达成诸葛亮和自己的双赢，然后自己赢得了最后的胜利。所以，从这种看法来说，司马懿在和诸葛亮的竞争中同样也是采用了升层策略。

在企业之间的商战中，领导者和管理者也可以通过提升自己的思维层次，扩大自己思考的范围，从而在竞争中取得胜利。下面用几个例子来说明。

企业的领导者和管理者可以通过在上层的行业协会或组织中获得一定的职位、或者同上层的行业协会或组织中的决策者建立良好的信任关系，从而获得上层的支持和资源，甚至对上层行业或组织层面的政策、制度和规则等进行调整、改变和影响，使得自身组织在和其他组织竞争的过程中处于有利的形势和位置，因此取得竞争的胜利。

在国外，一些企业要取得竞争的胜利，不是从企业之间的实力出发来进行公平的竞争，而是走上层路线，通过影响国家层面的政策，来获得有利于竞争的资源和条件。譬如，这些企业的领导者和管理者可以设法和国会中的议员进行沟通，通过这些国会议员提出对本企业有利的议案，并通过一些游说和运作，使这些议案在国会中获得通过，从而为本企业创造有利的制度和法律等条件，使对手没有能力和自己在同一个层次上竞争，从而击败对手，获得了竞争的胜利。

7.1.2 降层策略

所谓降层策略，是指领导者和管理者通过降低分析问题的层次来获得竞争的胜利。这里有一些具体的实例。

在国家之间竞争的时候，降层策略可以发挥一定的作用。譬如，某两个国家在开展国家层面之间竞争的时候，其中一个国家可能会将思考的着力点下降，通过组织层面或者个人层面的策略来采取行动，逐步获得突破，然后取得竞争优势。下面通过三个假想的例子来说明。

这里举第一个假想的例子。假想 X 国和 Y 国之间正在开展全面的竞争。X 国的高层领导者和管理者经过认真研究发现，Y 国在整个国家层面的竞争力是很强大的。譬如，Y 国的政治、经济、社会、科技和军事等各方面的政策制定得都很合理、实力发展得都很雄厚，国家的高层领导集体的理想信念坚定、治理能力强大。X 国认识到，在这个层面上无法撼动对方，取得竞争优势不是一件容易的事情。于是，X 国开始将思考的着力点下降，即在两国之间的公司合作和民间交往等过程中采取一些方法和措施，通过影响 Y 国的基层民众来逐步动摇民众的意志，改变民众的思想。譬如，X 国可以通过其电影公司输出隐含不合适的理念和价值观的电影进入 Y 国的市场，通过其演艺和媒体公司输出过度娱乐的节目、充斥绯闻的报道、不思进取形象的明星、散发颓废气味的人物造型和服装服饰、令人沉迷的电子网络游戏等，来对 Y 国的国民尤其是年轻人产生负面的影响。X 国希望通过输出这些东西达到影响 Y 国国民的目标：掠夺国民的时间、弱化国民的斗志、降低国民的道德、拉低国民的智商、下调国民的体质、挑拨国民的团结等。而且，X 国还希望通过自己公司的行为达到影响 Y 国的一些同行业公司的目标：一些电影电视公司向 X 国的公司学习，制作一些充满享乐思想和拜金主义、粗制滥造和质量低劣的产品来投放市场，扰乱秩序、败坏风气、中饱私囊；一些不良的媒体公司不择手段地制造各种稀奇古怪、虚假不实的内容来发布给民众，博得眼球、骗取流量、获取钱财。X 国希望看到的情景是：Y 国有少数一些人花大量的时间去玩手机、打游戏、刷视频、看热闹、聊绯闻等；然后超前消费、债务缠身、运动减少、视力变差、体质下降等。如果 X 国希望 Y 国出现的这些现象能够逐步发生，那么只要时间足够长，Y 国国民的数量和素质将会下降，国家的安全和发展将出现危机。那么 X 国就很可能达到原来的目标，在和 Y 国的竞争中取得优势。显然，X 国从能够影响 Y 国基层的公司和民众入手来开展活动，具有极强的隐蔽性和欺骗性，可以通过"洗脑""糖衣炮弹"和"不战而屈人之兵"等方式来获得妄想的结果，达到险恶的目标。以上这些内容虽然是假想的描述，但是人们可以从中得到警示，那就是"有则改之，无则加勉""害人之心不可有，防人之心不可无"。一个国家必须做到时刻保持警觉和清醒的头脑，做到"未雨绸缪""见微知著""防微杜渐"，将任何不良的阴谋和苗头铲除在萌芽状态；在事态严重的时候还必须用"壮士断腕"的勇气和重典来"力挽狂澜"，迅速扭转不良的局面。只有这样，一个国家才能实现长治久安。

这里举第二个假想的例子。假想 M 国和 N 国在经济和科技领域开展竞争。M 国将着力点从国家层面下降到组织层面和个人层面。M 国打击或者制裁 N 国的某几家重要组织（如公司），或者抓住或羁押 N 国的某些经济和科技等领域的重要人物，减少这些组织（如公司）或个人的影响，然后达到降低 N 国实力的目标。

这里举第三个假想的例子。P 国和 Q 国之间在军事领域开展竞争。P 国考虑到自身的实力和可能带来的副作用，不会在整个国家的层面上和 Q 国开展竞争，而是将着力点从国家层面下降到某些重点的地方。譬如，P 国会缩小竞争的范围，将自己的资源集中发力于要害之处，将好钢用在刀刃上，掌握和封锁对 Q 国特别关键的地方和要道，瘫痪和破坏 Q 国的指挥系统或通信系统，控制和攻击 Q 国的某些核心部门的关键人物，以及重要的物资、工程和设施等，从而在和 Q 国的竞争中赢得胜利。

在企业之间竞争的时候，降层策略也可以发挥一定的作用。譬如，某企业的领导者和管理者可以通过对竞争对手企业的某个关键的部门或个人采取相关的行动，获得商业上的重要信息，从而达到商业竞争胜利的目的。下面通过三个例子来说明。

某家企业在攻城略地的过程中，需要和企业客户打交道，为了在和竞争对手争夺企业客户的过程中取得胜利，除了在企业层面开展相应的活动之外，还会瞄准客户企业中某个重要的部门或个人，通过为这些部门或个人提供额外的服务或价值，从而影响了基层关键性的人物，获取了关键的信息和情报，从而赢得了竞争的胜利。

某家企业在和对手企业竞争的过程中，通过挖走对手公司的某个部门或个别关键技术人员或者管理人员，从而赢得了竞争的胜利。

某家企业在和对手企业竞争的过程中，虽然在组织层面上竞争不过对方，但是其会从对手企业基层细微的地方入手，使对方在这些细微的地方出现管理或运营上的纰漏和问题，并采取包括媒体在内的各种手段报道这些纰漏和问题，利用舆论放大这些错误。在当今社会，包括自媒体在内的各种媒体的影响越来越大。企业之间的竞争在很多时候是一场舆论战。在理想的情况下，真相是重要的，但是对舆论的控制和把握却是现实中企业成败的关键。在竞争中，某些企业会利用媒体，采取有力的措施，专门去找"厉害的""苍蝇"去"叮有缝的蛋"，让对手的这些问题扩大，最后使对手"千里之堤，毁于蚁穴"。这样放大对方的过失，从而损坏对方的形象和声誉，达到竞争获胜的目的。

7.2 基于空间维度的竞争互动视角下的模型和方法

基于空间视角的维度方面，领导者和管理者可以采用两种领导策略，第一种是升维策略，第二种是降维策略。

7.2.1 升维策略

所谓升维策略，是指领导者和管理者通过增加分析问题的维度来获得竞争的胜利。 这里有一些具体的实例。

在军事对抗中，采用升维策略可以建立更大的优势。譬如，两军作战，一方只有陆军，而另一方既有陆军，还有海军、空军、火箭军，甚至太空军等各方面的军种。只拥有陆军的部队只能在地面上作战，而拥有多种军种的部队，既可以在地面上作战，也可以通过海上舰艇、空中飞机、导弹系统、太空武器系统等发起全面的攻击，使对方在这些新的攻击维度上无力反击，从而更有可能获得胜利。

在企业竞争中，采用升维策略可以建立更为持久的竞争优势。譬如，某个企业提出了一种创新的、行之有效的管理方式，成为领先企业。但是，领先企业的这种管理方式必定会使得一些竞争对手进行模仿。时间长了，当这些竞争对手都模仿学会了之后，这个领先企业的竞争优势就会下降，甚至有些模仿者由于规避了首创的风险、节省了首创的成本，并在学习了该领先企业实施这种创新过程中的经验教训的基础上进行改进，因而会超过该领先企业。这也就是所谓的后发优势。现在的问题是，该首创的领先企业应该如何做才能建立更为持久的竞争优势呢？设想一下，如果该企业提出的创新管理方式不只是由一个方面的独特活动组成，而是在很多不同的方面都有独特的活动，而且这些多种独特的活动之间都还相互支持、互为条件，形成了一个总体的、有机的系统，那么其他对手来模仿时就会存在较大的壁垒和困难。这是因为，对手模仿一种活动也许相对容易，但模仿一组相互支持、互为条件的活动系统就不那么容易了；对手如果只模仿了其中的一个活动，但没能学到支持和匹配这个活动的其他多种重要的活动，这很可能会对模仿者产生负面的作用。

譬如，华为公司的经营管理确实值得很多企业去学习和模仿。但是，这些企业需要注意的是，华为公司的整个经营管理系统是由各种维度的子系统组成的，譬如目标和方法维度子系统、利益和权力维度子系统、信仰和价值观维度系统、人力维度子系统、财力维度子系统、物力维度子系统等，而且这些子系统之间是相互联系、相互支持、相互匹配的。所以，其他企业学习华为公司的某一个维度子系统也是不太容易的，因为学习这个维度子系统需要其他维度子系统的支持和配合，才能产生良好的效果；没有其他维度子系统的支持和配合，反而会打乱企业自身经营管理的节奏。所以，华为公司的经营管理在社会上被广为宣传，华为也不担心别的企业进行学习和模仿，因为其他企业真正能够学会并在组织内部产生好的效果是不容易的。如果一些企业只是学会了其中一个维度子系统，则很难产生好的效果，甚至会带来副作用，因为"是药三分毒"。但是，如果一些企业学习所有的系统，那么学习的代价就会很大，甚至可能会动摇基于自身特性的经营管理体系，所以不一定会获得好的效果。

有时，我们会在市面上看到一些书籍，有的名称是《……你学不会》，有的名字则是《……你学得会》，或者《……的成功可以复制》。其实，我们在选择和学习这些书籍时，需要理性、全面地分析这些企业成功的各种原因和条件，这样才能获得对自己真正有益的知识。袁宝华先生在改革开放初期针对中国应该如何学习西方的管理，提出了"以我为主、博采众长、总结提炼、自成一家"的原则。这个原则值得企业在学习其他组织的经验的时候加以借鉴。

7.2.2 降维策略

所谓降维策略，是指领导者和管理者通过全面分析对方的实力，避开对方实力的优势维度所能发挥作用的地方（即降低对方优势维度的作用），**将着力点集中在自身具有相对优势的实力维度上，采取相关的措施来获得竞争的胜利**。这里有一些具体的实例。

在军事领域，采用降维策略可以先扬长避短，然后取得胜利。譬如，在国内革命战争初期，红军只有小米加步枪，而国民党军队拥有先进的枪支弹药、飞机大炮，还有充足的后勤补给。在这种力量对比悬殊的情况下，红军选择了一条艰难的道路——长征。红军以惊人的意志力、顽强的战斗精神以及挑战人类生存极限的勇气，长时间地爬雪山、过草地，在人迹罕至的地方坚强地寻找生存和发展的地方。红军行走的这些地方，是国民党军队不愿意、也不可能长期行走的；在这些地方，国民党军队的飞机大炮等先进武器的实力也无法发挥作用。从某种意义上说，中国共产党的领导人在领导红军队伍的这段特殊时期，英勇无畏地选择了长征的道路，这种策略大大发挥了红军在信仰和价值观方面的优势，避开和降低了国民党军队在武器装备和供给物质方面的优势，从而保存了中国革命的有生力量。红军成功达到陕北，并同那里的队伍会师，为今后取得国内革命战争的胜利和对外抗日战争的胜利建立了重要的基础。

在经营领域，采用降维策略可以在已有的市场上先站稳脚跟，然后获得成功。譬如，一家企业要想进入已有比较成熟和已有相当竞争优势企业的行业中，在整个行业中分得一部分利润（"分得一杯羹"），就需要采取新的蓝海战略，走一条新的发展路径，这样才能降低同行企业已有的具有竞争优势的维度的作用，从而避免在对方的优势维度上开展竞争的不良后果。

美国在20世纪80年代初放开了对航空业的管制，个人也可以创办和经营航空公司。毕业于美国哈佛大学商学院的唐伯尔看到了机会，拟好了一份创办航空公司的商业计划书，变卖了房子等家产，创办了人民航空公司，并得到了风险投资公司的青睐，获得了资金。当时，在美国市场上已经有了规模很大的商业航空公司，譬如联合航空公司、全美航空公司、西北航空公司、西南航空公司等，无论在人员规模、资产规模以及市场规模等方面，人民航空公司都不是它们的对手。但是，唐伯尔采取了一系列新的措施，譬如：在战略定位上避开了和大公司的直接竞争，公司只飞大公司不飞的支线；购买二手飞机，降低成本；飞机上不提供免费的餐食，客人需要时可以自行购买，这样就降低了票价；公司提高飞机起降的频次，减少飞机和客人在机场停留的时间，这样就降低了飞机停留机场的费用，节省了顾客的时间；专门招收性格热情、服务态度好的人，如成熟的教师、护士等行业的人当乘务员，给顾客提供周到贴心的服务，提高顾客的幸福感；建立起积极向上、热情友好、关爱客户的企业文化；关心员工、给员工股份，让快乐的员工给顾客带来快乐的服务。人民航空公司通过采取开辟新的航线、降低票价以及提供优质服务等措施，很快就建立起了极好的社会声誉，乘客需求迅速上升，很多人都希望成为公司的员工，经济效益很快增长，在五年之内跃升为全美第五大航空公司，创造了美国航空史上的奇迹，唐伯尔也成为美国20世纪知名的商业领袖。从这一段历史可以看出，人民航空公司之所以能从零开始，在一个强手如林的行业中能够生存下来，而且还能得到迅速发展，一个很重要的原因就是领导者和管理者能够避开对手实力强大的维度，并降低这些维度对其的影响，而在这些对手不关注的维度方面取得优势，从而在强手如林、激烈竞争的市场上拿到了一定的份额，"分得了一杯羹"。

但是，当人民航空公司创造了这些商业奇迹、唐伯尔也成为美国《时代》杂志封面人物并被媒体大肆宣传和赞扬之后，唐伯尔没有坚守之前正确的经营策略，而是变得非常激进、自我膨胀、听不进他人的意见，加快扩张公司的规模，并同几大航空公司过早地展开了直接竞争，甚至大打价格战，遭到了这些航空公司的联合挤压。由于在人员规模、资金储备等实力维度上同几大航空公司相比存在很大的差距，人民航空公司在最后的竞争中失利，被德克萨斯航空公司收购。人民航空公司昙花一现的成败经历，验证了中国的一句成语"成也萧何，败也萧何"，从正反两个方面反映了在商业竞争中，企业应该采用降维策略、避实击虚的道理。

7.3 基于时间动态的竞争互动视角下的模型和方法

基于时间视角,领导者和管理者可以采用两种领导策略,第一种是升时策略,第二种是降时策略。

7.3.1 升时策略

所谓升时策略,是指领导者和管理者通过延长时间以及提高自身学习和创新的意愿和能力,从而持续增长自身实力来获得胜利的策略。升时策略适合于组织自身现有的实力不敌对方,但是实力发展的潜力优于对方以至于在今后有机会超越对方的情况。因此,领导者和管理者会采取延长时间的方式,使组织自身的实力能够随着时间而不断增长,到了实力超越对方的时候发起竞争,并赢得胜利。这里有一些具体的实例。

譬如,在秦朝末年,刘邦和项羽在推翻秦朝、争夺霸权的过程中,他们曾经提出"先入关中者为王"的约定。结果,刘邦先进入汉中,但是那时项羽的势力比刘邦大,如果刘邦过早地称王,项羽必定会起兵攻打刘邦,刘邦没有获胜的可能。所以刘邦接受了谋臣张良的建议,采取了延长时间的策略。刘邦以很低的姿态参加项羽举行的鸿门宴,并"真诚"地告诉项羽,他进入汉中以后,什么东西都没有动用,老百姓的户册和财产等都保护得很好,就等待项羽进城称王了。刘邦对项羽极其尊重,使项羽放松了警惕,只顾饮酒,从而在鸿门宴上趁机逃走。刘邦的缓兵策略使项羽没有及时来攻打自己,加之张良经常的提醒和出谋划策,刘邦励精图治,利用争取到的有利时间来迅速发展队伍和力量,最后战胜了项羽,获得了胜利,建立了汉朝。

再譬如,企业发展的过程往往是长跑,而不是短跑。在企业发展的过程中,常常遵循的是"乘法原理",而非"加法原理"。所谓"乘法原理",就是企业在发展的过程中,需要不断地做出决策,如果将每个决策的成效用0到1之间(最小值为0、最大值为1)的数值来衡量,企业发展到某个时间,其经营效果的总成效取决于所有决策的成效相乘得到的数值,而不是所有决策的成效相加得到的数值。也就是说,如果一个企业在大多数情况下的决策成效都很好,但只要有一次决策错误(决策的正确性为0),企业就会出现很大的问题,一蹶不振,一夜回到赤贫的状态,甚至犯下巨大的政治错误或者商业错误,使企业陷入政治、经济、经营以及信誉等重要危机之中,导致公司的倒闭。而"加法原理"则不同,企业的经营效果取决于所有决策成效相加得到的数值,因而不容易出现结果为零的情况。因此,"乘法原理"相对于"加法原理"而言,是一种更为残酷的游戏规则。

由于"乘法原理"而出现问题的企业例子在现实中是很多的。譬如,自改革开放到现在,有一些企业的领导者和管理者曾经顺应改革开放的大好形势,抓住了当时的有利机会,做出了正确的决策,在经营上取得了很好的成绩,但是后来出现骄傲自满或者刚愎自用,导致重大的决策失误,出现"昙花一现"的结果。而另一些企业,则能保持稳健的发展形势,虽说在发展的过程中没有前面的企业那样耀眼,但是每次决策时都能做到不忘初心、实事求是、量力而行,决策的成效不一定很高,但决策成效都是大于0的分数,所以这样的公司走的时间会更长、走的空间会更大,往往会是最后的成功者。因此,在企业开创的初期,企业家需要考虑的往往是"要做什么";而在后期,企业家需要考虑的往往是"哪些事情不能做"!有些时候,决定一个企业能否长期生存发展的不是谁做的正确决策次数多,而是谁做的错误决策次数少!领导者和管理者在企业发展的过程中,在不同的时期和阶段往往需要具有不同的价值观、素质和能力,需要随着时间的推移而不断提升自己。

所以根据"乘法原理",企业发展的过程中需要比较的是领导者和管理者谁能坚持的时间更长。要使自己经营的时间更长,领导者和管理者一方面是要学会在必要的时候韬光养晦、保存实力、善用资源;另一方面就是要不断地进行阶段性的调整,不断完善自己的价值观、素质和能力,从而能够自如地应对不同的情况。在围棋界有一句名言:"善弈者通盘无妙手"。也就是说,善于下棋的人,善于通盘布局,虽然下的每一步棋都不是那么惊人、神奇或称得上妙招,但每一次得到的都是正的分数,因此往往最后就水到渠成地取得了胜利。

根据中国《周易》的阴阳太极图,任何事物都包含相互对立的元素,这些对立的元素之间相互依存、相生相克、相互转化。根据这一原理,我们只要有足够长的时间,就能看到事物会呈现出不同甚至相反的表现!譬如,我们在某一个时间段能看到领导者和管理者的某个特点带来的好处,也可能在另一个时间段看到领导者和管理者的这个特点带来的坏处!中国人常说"路遥知马力,日久见人心",中国人也特别相信"久经考验"的力量!因此,领导者和管理者特别重要的能力就是要能够经得住考验。根据德国哲学家康德的"物自体"思想,物体的本质是不可知的,而现象是可知的。根据这一思想,我们能够认识到的永远是事物的现象,而很难一下子全面认识到事物的本质;只有不断地观察事物呈现出的新的现象,我们才能不断接近认识到事物的本质。根据德国哲学家黑格尔关于事物发展的思想,任何事物都是在不断地、辩证地否定自己的过程中进行发展,从而呈现出不同甚至相反的状态。根据东西方的这些哲学思想,我们能够看出,一个组织的领导者和管理者也许在某个时间段表现得很好,但是只要将时间持续地延长,这位领导者和管理者犯错的概率就会不断增加!因此,有时候当某位企业家同另一位企业家竞争的时候,尤其是这位企业家在开始阶段处于劣势的时候,他需要做的就是保持稳健的发展,说不定他的竞争对手会犯错误,他自然就赢了!因此,在企业之间竞争的过程中,领导者和管理者只要让自己有更长的时间来参与这个游戏,这样就有可能赢得最后的胜利。

7.3.2 降时策略

所谓降时策略,是指领导者和管理者通过抓住时机,缩短对方发展的时间,以及降低对方学习和创新的意愿和能力,从而阻止对方增加实力,充分利用自身已有的优势,尽早地出击,从而获得胜利的策略。降时策略适合于组织自身现有能力强于对方,但是对方具有发展潜力,需要及时扼制对方的情况。因此,领导者和管理者会采取缩短时间的方式,不给对方发展和增长实力的机会,在对手的实力弱于自己的时候发动竞争,从而赢得胜利。这里有一些具体的实例。

譬如,在《三国演义》中,司马懿曾经得到曹睿的重用,被任命为大都督。曹睿约他到长安见面。这时恰逢诸葛亮任用马谡守街亭,街亭是个难守的地方,而马谡又是一个只会纸上谈兵的将领。司马懿认为机不可失,时不再来,应该抓住机会攻打街亭。司马懿对时机的迅速把握,使得固执己见的马谡来不及得到诸葛亮调整战术的建议,失守街亭,惨遭失败。司马懿取得了这次重要战役的胜利。总的看来,司马懿并没有急于按照原来的约定和曹睿在长安见面,而是"将在外军令有所不受",抓住了战机,没有给马谡时间,在街亭一战中取得胜利后,才奔赴长安和曹睿见面。曹睿不但没有责怪司马懿,反而对其进行了嘉奖。

当然,司马懿对弱者马谡采用了降时策略,但对于强者诸葛亮则采用了升时策略。诸葛亮北伐时,无论诸葛亮如何刺激,司马懿都拒不迎战。诸葛亮曾派人送来女人的衣服侮辱司马懿,司马懿当即穿上衣服,摆出一副无所谓的样子。司马懿知道,诸葛亮远道来北伐,希望速战速决,否则军队的士气和后勤供给会受到影响;拖的时间越长,越对诸葛亮不利,而对自己有利。而且诸葛亮足智多谋,司马懿自知不是他的对手。因此,司马懿凭借自己比诸葛亮年轻一些,而且诸葛亮积劳成疾,于是采用升时策略,不应战,消耗诸葛亮的时间,等待更有利的时机。有一次,刘禅因听信宫中谗言,召诸葛亮回成都,使诸葛亮失去了攻打司马懿的机会,北伐没有达到预期的效果。总之,司马懿应对蜀国时能根据情况对升时策略和降时策略运用自如,是他取得成绩的重要原因。

在企业之间的竞争中,领导者和管理者运用降时策略迅速建立先发优势和竞争壁垒是十分重要的。譬如,观察很多独角兽企业的发展过程,我们就会发现,企业一旦有了一个新的商业计划和创新的产品或服务的想法,领导者和管理者就会通盘考虑,不仅会考虑到自己的经营活动会给自己带来什么样好的效果,而且还会从博弈的角度分析自己的经营活动会给对方带来什么样的思考和反应。为了使自己的商业计划取得成功、以及不给对方太多的时间进行模仿和超越,这些企业往往会在开始行动之前做充分的准备,一旦执行新的商业决策和行动,一定会用强大的软实力——如正确的目标和合理的方法、良好的激励机制、有战斗力的信仰和价值观,以及充足的硬实力——充足的人力、物力和财力,来开展各项商业活动,从而迅速取得竞争优势,建立人员、技术、资金和行业标准等各方面的壁垒。这个时候,即使对手企业进行模仿,也会在价格战等方面付出巨大的代价,最后不得不退出竞争。这种在各方面进行充分准备,以"迅雷不及掩耳之势"的方式来获得优势,从而达到"一战定江山"的效果,就是对降时策略极佳运用的结果。

7.4 基于组织和环境关系的竞争互动视角下的模型和方法

领导者和管理者在领导组织和环境互动的过程中,应该为组织创造一个适度挑战的环境。

基于组织和环境互动的视角,领导者和管理者可以采用两种竞争策略,第一种是升激策略,第二种是降激策略。

7.4.1 升激策略

所谓升激策略,是指领导者和管理者通过提高刺激强度,不给对手任何发展的余地,并一举击败对方,从而获得竞争胜利的策略。这里有一些具体的实例。

譬如,《孙子兵法》的谋攻篇中就提出了集中优势兵力击败敌人的方法,原文[2]是:"故用兵之法,十则围之,五则攻之,倍则分之,敌则能战之,少则能逃之,不若则能避之。故小敌之坚,大敌之擒也。"这段话的译文[2]是:"所以用兵的规律是,兵力十倍于敌军就包围它,兵力五倍于敌军就进攻它，兵力两倍于敌军就分散敌人兵力，兵力与敌军相等就要能设奇兵打它，兵力少于敌军就要能避开它，兵力弱于敌军就要能逃避它。所以实力弱小的军队如果固执硬拼，就会被强大的敌人擒获"。从这段话可以看出，在军事上一般的策略并不是"以少胜多"或"以弱胜强"，这些只是在不得已的情况下采取的方法。在更多的情况下，将帅们往往会采用"以多胜少"或"以强胜弱"的策略。

再譬如，在第二次世界大战后期的欧洲战场上，以美国为首的同盟军在艾森豪威尔等统帅的指挥下，率领陆海空280多万大军，选择了德军防御较弱、位于法国的诺曼底登陆，对德军展开了大规模的进攻，为最后击溃德国法西斯做出了重要贡献。

企业在发展的过程中，有时会面临极大的竞争压力。譬如，曾经有一些企业领导者和管理者在企业早期的发展阶段，具有良好的初心和造福社会的愿望，也很有前瞻性的眼光和很强的创新能力，克服重重困难，逐步建立了独特的竞争能力，获得了市场和客户的认可，形成了良好的社会声誉。当然，企业在发展的过程中，也带来了一些模仿者。这些模仿的企业同领先的企业之间就有了竞争关系。模仿的企业同领先的企业之间谁能取得竞争的胜利，取决于多方力量的作用。如果领先的企业在发展的过程中，偏离了原来造福社会和民众的初心，从事的一些业务给社会和民众带来了负面的影响，加之领导者和管理者的言行不当，引起了包括政府部门在内的领导、合作伙伴和民众的不满，该企业就会受到负面的挑战。还有，如果在这个时候，原领先的企业内部的管理体系或者文化存在一些漏洞、不恰当之处，领导者和管理者在对待自己员工的利益诉求方面敷衍和不作为，也会引起员工的强烈不满，对领导者和管理者形成巨大的危机。另外，由于该企业在经营管理中同一些社会人士有利益交集，而且这些社会人士在后来的发展中被曝出了不良的言论和行为，而这些不良言论和行为也将该企业带入公众的视线之中，更加引起大众的不满。此时，该领先的企业就会面临社会各方面的负面评价和压力。在这个时候，如果竞争对手们不约而同地对这家企业发起进攻，可以想象，这家企业就会在很短的一段时间内内外交困、四面受敌，这个曾经强大的企业也可能轰然倒下，被其竞争对手取而代之。一般来说，企业在自己强大的时候，其竞争对手们一般是不敢轻易对其冒险采取攻击行动的。这些竞争对手一定会等待时机，在这家企业出现内外交困的巨大压力时，就可能突然同时采取行动，对这家企业合围进攻、釜底抽薪，短时间之内就会对这家企业形成强大的合力，使其多方受袭、雪上加霜，最后崩溃。于是，这些竞争对手通过采取在难得的时机上联合起来进攻的升激策略，击败原来领先的企业，从而取得竞争的胜利。

7.4.2 降激策略

所谓降激策略，是指领导者和管理者通过降低刺激强度，麻痹对方，使对方放松警惕，而自身则趁机发展力量，等待条件成熟时一举击败对方，从而获得竞争胜利的策略。这里有一些具体的实例。

譬如，在《三国演义》中，东吴的将领陆逊曾经对蜀国的刘备采用过降激策略。刘备为关羽报仇，远道来攻打东吴，推进至夷陵夷道一带，被东吴陆逊大军阻挡，无法前进。为了寻找水源以及避开酷热，刘备扎营于深山密林。马良认为这种扎营方式是兵家之大忌，建议刘备画个图让诸葛亮提出意见，并将此图送给了诸葛亮。诸葛亮立马给出建议，由马良送给刘备，但是刘备并没有采纳诸葛亮的建议。吴国将领陆逊对刘备的远来伐吴采用了不迎战的策略，先是以逸待劳，耗尽刘备军队的耐心、精力和粮草。在时机成熟之后，采用火攻的方式，火烧七百里连营，最后大败刘备。刘备无颜回成都，只能在白帝城托孤。

领导者和管理者在有些时候，应该尽量不刺激竞争对手，或者对其刺激程度不足，这样就不会引起竞争对手的注意，也不会激起竞争对手的反应。我们可以从《周易》的乾卦中得到启发。乾卦一共有六爻，第一爻是"潜龙勿用"，其中的一个意思是：一个人在时机不成熟、实力不够时，不可盲目地采取行动，以免给外部带来刺激，从而招来不可承受的挑战；最好的策略是默默地积蓄力量，发展自己，伺机而动，才能取得成功。

领导和管理的时空理论

领导者和管理者在带领企业发展过程中,如何获得竞争的胜利,有时需要对竞争对手采取降激的策略。譬如,一家企业在竞争中面临强大的对手,以自己现有的实力是无法取得竞争优势的。但是,这家企业会选择低调的策略,从不在言行上刺激领先的企业,在发展的过程中不会同领先企业正面竞争,而是会选择不同的发展道路,尽量在经营业务、市场区域等方面和领先企业错开,不冒犯领先企业,而在其他新的细分领域默默耕耘、积累实力。同时,企业也会采取步步为营的策略,每次进步一点点,不显山、不露水,"闷声大发财","缓慢"地发展自己,不引起对方的警觉和注意。不仅如此,反而有时候还会在很多场合对领先企业的经营管理做法表示赞扬和欣赏,以此麻痹对方。其甚至还会营造一些环境和氛围,使领先企业产生骄傲自满的情绪,完全解除心理上的危机意识,从而使其领导者和管理者听不见有益的建议。在这些情况下,领先企业的领导者和管理者这时候要么会过度膨胀,做出激进的策略,扩大投资,导致资金链的断裂;要么开始不思进取,贪图享受,玩物丧志,导致公司的经营效益日益下滑。最后,本企业的实力越来越强大,而对方企业的实力越来越弱小,尤其当对方企业在经营管理上出现失误,使得自己在竞争中取得最后的胜利。从这里可以看出,这个企业通过循序渐进的策略来发展自己,同时麻痹对方、使对方自满或不思进取,自己的进步和对手的退步最后就会使自己超过对手,赢得竞争的胜利。

总的来说,领导者和管理者在企业之间竞争的过程中,需要采取有智慧的策略同竞争对手互动。领导者和管理者既可以采用升激的方式对待对手,一举击溃对方;也可以采用降激的方式对待对手,麻痹对方,等待自身力量强大后击败对方。但是,领导者和管理者最不应该采用的策略就是给竞争对手适度的刺激。给对手适度的刺激只会激发竞争对手在互动的过程中不断地得到发展和成长。这种策略对对手有利,对自己不利。

而从另一方面来说,领导者和管理者应该创造条件,使自己的企业处在适度刺激的环境之中,从而使企业在适度刺激的环境中成长壮大,最后能取得竞争的胜利。总之,领导者和管理者要为自身的组织创造一个环境,这个环境不能太好,也不能太坏。太好容易刺激不足,太坏容易刺激临界或者刺激过度。所以既不太好也不太坏的环境,对自身组织而言就是合适的。

以上是站在组织的层次上看待升激策略和降激策略。其实,站在国家或地区的层次上看待企业,领导者和管理者也要根据情况选择升激策略或降激策略来创造有利于企业发展的环境。

譬如,在改革开放后,随着我国企业的逐步发展,政府领导人希望中国能够加入世界贸易组织(WTO)。当时国内有一些企业家认为,中国企业的竞争力比较弱,如果加入WTO,民族工业就得不到保护和发展。但是,政府领导人坚持加入WTO,让中国融入整个世界,也让中国的企业和国际先进的企业相互交流、合作和竞争。在这种适度的互动和挑战中,中国企业才能得到成长,中国企业和其他国家的企业是双赢的。事实证明,中国加入WTO确实促进了一大批中国企业在和国际先进企业的适度竞争中得到了成长。现在回过头来看,当时幸好抓住了战略性的时间窗口加入WTO,这对我国企业的发展来说是非常重要的。现在,新冠疫情导致全球化受到影响,全球化思潮也有退步的趋势,如果此时才想到加入WTO,那将是非常困难的。

当然,政府领导者和管理者在为企业创造适度刺激的环境的时候,也要时刻审视环境对企业的刺激是否过度。譬如,在发生亚洲金融危机的时候,政府领导者和管理者特别强调加强金融防火墙的建设。当时中国企业在面对金融危机方面缺乏经验,防火墙的建设大力地帮助了中国企业成功地度过了亚洲金融危机。

同样地,国家领导人在必要的时候需要采用韬光养晦的政策,尤其是当国家实力不足的时候,需要争取更多的时间来发展壮大。当然,必要的时候也要亮剑,保护国家的核心利益。譬如,在中越边境进行自卫反击战就很好地维护了国家的安全。所以什么时候要韬光养晦,什么时候要亮剑,这需要领导人审时度势来进行决策。国家领导人要为国家创造一个适度挑战和应战的环境,使国家能够更好地生存和发展。

作为地方政府的领导者和管理者,也一定要为企业的发展创造一个具有适度挑战性的环境,该放开的时候要适度放开,让企业参与竞争;该保护的时候要适度保护,使企业免受损失。这种"放开"和"保护"度的"拿捏"是极其考验领导者和管理者的领导能力的。

　　作为组织的领导者和管理者，也一定需要为员工创造适度挑战的环境，使员工能够得到成长。一方面，挑战来自外部环境，来自竞争对手、客户、政策的变化、科技的发展等；另一方面，挑战来自组织内部各部门之间的竞争、员工之间的竞争。领导者和管理者要把握竞争的程度，既要保持一定程度的竞争，但是也不要让竞争过度（现称"内卷"）。适度的竞争有利于促进员工的发展，过度的竞争则会浪费资源。

　　最后，人类生活在同一个地球上。作为全球机构的领导者和管理者，也需要考虑全球环境变化给人类带来的影响。全球机构和各国的领导者和管理者考虑这个问题时，在把握环境对全人类挑战程度的时候，需要注意"温水煮青蛙现象"和"灰犀牛现象"[3]。

　　"温水煮青蛙现象"是指：如果把青蛙放在热水里，就会立即引起青蛙的警觉，青蛙会努力地脱离危险；但是如果用温水慢慢加热青蛙，缓慢升高的温度带来的刺激不足以引起青蛙的警觉和反应，但是慢慢地，青蛙就失去了活力，这就是不足的刺激带来的结果。这就好比全球气候变化对人的影响很大，海洋里的岛屿，比如马尔代夫群岛，按照现在的气温变化和地球上冰雪融化的速度，不久将会被海水淹没。但是全球气候变化是一个缓慢的过程，难以引起人们的注意。由于刺激不足，人类难以采取迅速有效的行动来防止气温的上升，最后就有可能会导致不良的结果。

　　与"温水煮青蛙现象"类似的，还有我们通常所说的"灰犀牛现象"[3]。所谓"灰犀牛现象"指的是发生概率很高、影响很大的事件，但是由于事件的发展速度比较慢，所以不容易引起人们的关注，不到最后时刻，人们不会产生行动。

　　"温水煮青蛙现象"和"灰犀牛现象"都是刺激不足导致的。因此，全球机构和各国的领导者和管理者在考虑地球环境保护的过程中，有时候要引入适度的刺激来提高人类的警觉性，改善人类生存的环境。

参考文献

[1] 陈国权. 领导和管理的时空理论 [J]. 中国管理科学，2017，25（1）：181-196.

[2] 陈曦，译注. 孙子兵法（中华经典名著全本全注全译丛书）[M]. 北京：中华书局，2011.

[3] [美] 米歇尔·渥克. 灰犀牛 [M]. 王丽云，译. 北京：中信出版社，2017.

第8章 领导和管理的时空成效分析

笔者认为[1]，领导者和管理者的成效需要从时间和空间上进行评价。领导者和管理者的成效包含了时间视角成效和空间视角成效，空间视角成效又包括空间视角层次方面的成效和空间视角维度方面的成效。

总体来说，领导者和管理者的成效可以用层次上的3个"好"、维度上的2个"强大"、时间上的3个"对得起"来概括。如图8-1所示。

空间视角层次方面有3个"好"：第一个是管理"好"自己，第二个是管理"好"团队，第三个是管理"好"组织。

空间视角维度方面有2个"强大"：第一个是建立"强大"的软实力，第二个是建立"强大"的硬实力。

时间视角方面有3个"对得起"：第一个是"对得起"过去，第二个是"对得起"现在，第三个是"对得起"未来。

综合起来，领导者和管理者的成效模型可以简称为"323"模型，如图8-1所示。

下面就分别论述。

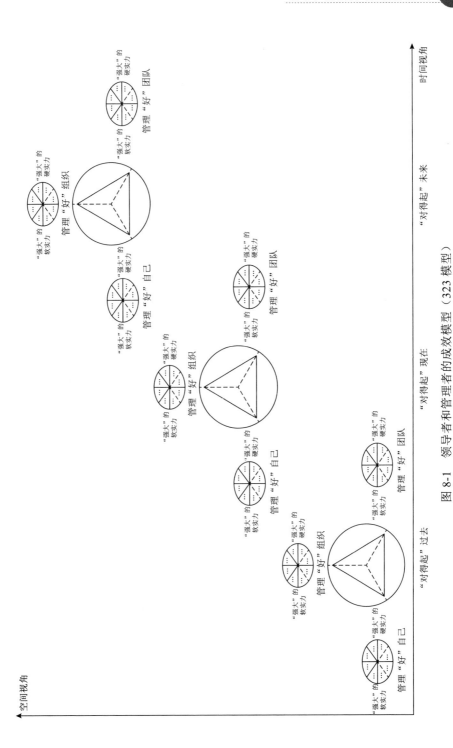

图 8-1 领导者和管理者的成效模型（323 模型）

8.1 基于空间层次的成效模型和方法

从空间视角的层次方面评价领导者和管理者的成效包括三个"好"。

第一个是管理"好"自己,第二个是管理"好"团队,第三个是管理"好"组织。

第一个"好"是管理好自己,管理好自己就是领导者和管理者需要学会正视自己,理清内心真实的愿望,确定自己的目标和定位,了解自身的价值观、态度、兴趣、偏好、性格、能力等方面的特点,找到适合自身发展的工作,做好职业规划,培养自己的敬业精神,在工作中充分发挥自己的潜力,热情而有创造力地工作,为组织效力,还要善于管理个人风险,不断地学习和成长,超越自我,提升自我。总之,管理好自己就是要努力让自己成为一个既对组织和社会有价值,又能实现自己的理想和目标的人。

管理好自己的第一个要点是要了解内心深处真实的愿望。领导者和管理者要能够使自己的领导生涯持续发展,一个特别重要的基础条件是领导者和管理者是在做他自己愿意做和能够做的事情。这虽然是一个理想状态,但是如果有可能,领导者和管理者还是应该尽量争取。如果领导者和管理者能够把社会责任与自身的愿望和兴趣结合在一起,那么他的领导生涯就能够更可持续发展。

孔子说勤学、好学和乐学。勤学,就是"头悬梁,锥刺股";好学,就是养成学习的习惯;乐学,就是在学习中能够得到快乐。因此,领导者和管理者在确定职业的时候,最好能够考虑自己的愿望和兴趣。领导者和管理者要对自己有一个交代,这个交代就是实现自身的愿望。

西方有一篇著名的诗,德尔·温布罗(Dale Wimbrow)的《镜中人》(*The Man in the Mirror*)。一个人在人生过程中的某些重要时刻,一定要对着一面镜子,思考对不对得起镜子中的这个人,如果他认为对得起,那他就不枉此生。

镜 中 人

当你努力奋斗达到自己所愿，
变成世界之王，
你该走到镜子前看看镜中的人，
看看镜中的人会说些什么。
他不是你的父亲，
不是你的母亲，
也不是你的妻子，
他们的意见都可忽略不计。
对你的人生影响最大的，
是镜子里面那个人。
他不顾一切地让你快乐，
陪你走到生命的尽头。
如果镜中的人是你的朋友，
那么你将通过最危险、最困难的考验。
你可能会像杰克霍纳那样"弄"到那个李子，
却还以为自己是个大人物。
如果你无法正视镜中的人，
他会耻笑你是个可怜的乞丐。
多年来你可以欺骗整个世界，
一路上获得别人的夸奖，
但如果你欺骗了镜中的人，
对你的奖励就是悲叹与眼泪。

管理好自己的第二个要点是管理个人的风险。领导者和管理者要善于管理自己的风险，包括经济风险、政治风险和身体风险。第一，经济风险是因为不能正确地对待财富、获得不义之财所带来的风险，这就是国家领

领导和管理的时空理论

导人在十七届四中全会中提出的"领导干部要过好权力关、金钱关、美色关"中的金钱关。第二,领导者和管理者必须有正确的政治站位,有大局意识,能够站在国家、民族和集体的角度来考虑问题,从而避免政治风险。第三,领导者和管理者要让自己保持身体健康。领导者和管理者对社会的贡献和他的身体是密切相关的,只有身体健康才能做到行稳致远。所以领导者和管理者要过金钱关,要过政治关,还要过身体关。

第二个"好"是管理好团队。领导者和管理者需要组建和经营好自己的人生团队,学会包容和换位思考,理解他人的愿望、需求和目标,采取有效的措施激励他人,善于认清他人的价值观、态度、兴趣、偏好、性格、能力、思考问题和为人处事的方式等,努力给每个人安排合适且能发挥他们长处的职位,努力在团队内部建立有效的信息沟通和分工协作机制,以及解决矛盾和冲突的机制,学会建立共创共享的利益机制和伙伴文化,促进团队成员之间相互分享信息、知识和经验,善于整合所有人的智慧来解决复杂的问题。总之,管理好团队就是领导者和管理者要建立一个具有凝聚力和工作能力的团队,为实现整个组织的目标服务。

这里需要强调的有两点,第一点是人生团队。领导者和管理者的人生团队包含工作团队和生活团队,其中工作团队包含一般的工作团队和智囊。一般的工作团队包括核心成员和一般成员,智囊包括学院派的智囊和江湖派的智囊。生活团队里有家人和朋友,家人可以分为小家庭和大家庭,朋友包括一般的朋友和"微量元素"型的朋友。

工作团队里有核心的工作团队成员,是领导者和管理者的"左膀右臂"。比如,对刘备来说,他的核心团队包括诸葛亮、关羽、张飞和赵云等。智囊包括学院派的智囊(school smart)和江湖派的智囊(street smart)。在学术机构或者智库等机构工作的人被称为学院派的智囊。比如,因为石油行业与地缘政治有密切的联系,卫留成在中海油担任董事长兼首席执行官期间,成立高级顾问委员会,邀请前美国国务卿基辛格等人担任中海油的顾问,为石油产业的发展提出有益的建议。华为也请大学教授帮助起草《华为基本法》,这些都是学院派的智囊。江湖派的智囊主要指的是学院派之外的智囊。

比如有的企业家会寻求高僧大德的指点，像电视剧《天道》里，企业家到五台山问道，请求得道高僧的指点。一些民间人士也可以成为江湖派的智囊。总的来说，例如高僧大德和其他一些德高望重的人士，他们不在主流的学术机构和智库工作，但是观察事物有其独到的视角。领导者和管理者在寻找智囊的时候，也要做仔细的甄别。有些企业家和公共事业部门的领导者和管理者，因为找错了智囊，给自己带来了比较大的损失。

第二点需要强调的是领导者和管理者一定要学会包容和换位思考。情商对于领导者和管理者来说是非常重要的，换位思考就是情商的一个维度。换位思考就是能够站在别人的角度来考虑问题，比如一个企业家要站在客户的角度来考虑产品和服务的特点，从而满足客户的需求；要站在员工的角度来考虑员工的特点和利益诉求；要站在政府的角度来考虑企业的发展，帮助政府实现社会管理的目标；要站在供应商的角度来考虑供应商的需求，合理分配企业和供应商之间的利益；要站在社会的角度来考虑社会公众的需求、所在社区的民众的需求，做一个好公民，对当地的环境和人民的发展提供力所能及的帮助。

第三个"好"是管理好组织。领导者和管理者需要深入认识组织的本质，组建好组织队伍，做到"见树又见林"，拥有看清复杂系统的能力，掌握必要的组织管理的理论、方法和工具，建立良好的软实力和硬实力的系统，使组织既能达成现有的目标，保持内外部的稳定，又能不断发展和成长。总之，管理好组织就是要建立一个健康的和可持续发展的组织，为社会创造良好的效益。

值得一提的是，随着社会的发展，效益的含义在不断地扩展。Archibugi和Nijkamp[2]编辑出版了一本书，在书中通过一些作者撰写的章节阐述了如何达到经济（economy）和生态（ecology）两方面效益兼顾的思想，也有人将其称为双E策略。Elkington等西方学者[3-5]提出了三重底线（triple bottom line）的思想，分别是经济效益、社会效益和环境效益，还有人在此基础上进一步提出了三个"P"的效益指标，第一个"P"是"profit"，组织要取得经济效益，要盈利；第二个"P"是"people"，组织要助力员工的发展成长，为所在社区的民众带来福祉；第三个"P"是"planet"，组织要为保护地球的自然环境做出贡献。作者认为在"planet"方面，组织既应该考虑对地球上生物多样性的保护，也要考虑对地球上文化多样性的保护。生物的多样性可以使地球的生态系统保持健康，文化的多样性可以使地球上不同的国家、不同的种族保持其独特的文化，不同的文化互相补充、相得益彰，对人类的生存发展起到重要作用。如果地球上只有人类这一种生物，人类是不可能生存发展下去的。同样，如果地球上只有一种文化，人类社会也是难以维系的。随着环境的改变，人们需要采取不同的应对环境的方式，只有保持文化的多样性，人类才有能力应对不同的变化。著名社会学家费孝通曾提出"各美其美，美人之美，美美与共，天下大同"。世界各国都有自己的文化，我们在保护各自文化的同时，还要"美人之美"，欣赏和我们不一样的文化，让不同的文化能够共存，最后实现天下的大同。大同的意思并不是完全一致，而是既有共同点，也有差异，互相之间求同存异。世界的各个民族、各个文化都各守其道，同时又进行良性的互动交流、互相促进，就能维持世界的和平和可持续发展。这是人类发展的梦想。

因此，不同文化之间可以交流，但不能完全同质化。对组织而言，保护自然环境、生物的多样性和文化的多样性，是非常重要的。比如一家捕捞行业的企业，如果大量捕捞海水或河水里的某种生物，可能会导致该物种消失。所以捕捞行业需要有限地进行捕捞活动，从而维持生物的多样性。食品企业在将食品推向全世界的时候，推广得越多，盈利越多，但对全球饮食文化多样性的损害越大。所以，采取适当的行动维持生物的多样性和文化的多样性，不仅仅是企业的责任，也是政府和公共事业部门的责任。

当然，以上讨论的组织是狭义的，将组织定位在一个相对较小的范围。实际上，从广义来看，组织可以是一个地区、一个县市、一个省、一个国家，甚至是全世界。如果在这些更广义的程度上来讨论领导的成效，那么将会有更丰富的内容。

8.2 基于空间维度的成效模型和方法

从空间视角的维度方面评价领导者和管理者的成效主要包括两个"强大"。

第一个是在各个层次上建立"强大"的软实力，第二个是在各个层次上建立"强大"的硬实力。

在管理好自己方面，可以从领导者和管理者自身的软实力和硬实力的发展来评价领导者和管理者的成效。在软实力的发展方面，首先，领导者和管理者是否形成了正确的目标和方法体系；其次，领导者和管理者是否形成了一套行之有效的利益和权力的分配体系；第三，领导者和管理者是否形成了良好的信仰和价值观体系。在软实力的这几个方面，领导者和管理者应该在领导职业发展过程中不断地精进，不断地成长。

硬实力的发展主要体现在人、财、物方面。对领导者和管理者自身而言，"人"指的是领导者和管理者是否让自己成为良好的人力资本，成为组织、国家的正资产，而不是负债。"财"指的是领导者和管理者是否做到了"君子爱财，取之有道"以及"君子散财，散之有道"，也就是按照正确的方式获得该得的财富，并按照正确的方式把财富给予正确的人。例如企业家做慈善，把财富捐给大众和社会也要把握一定的原则，否则社会中就会出现更多懒人和闲人，磨灭人的斗志。"物"指的是领导者和管理者是否掌握了符合社会发展的相关技术和知识，使其能够在不断变化的环境中有效地工作。

在管理好团队方面，可以从团队的软实力和硬实力的发展来评价领导者和管理者的成效。团队的软实力指的是在领导者和管理者的领导下，团队是否建立了正确的目标和方法体系，是否形成了团队内部合理的利益和权力分配机制，以及是否建立了良好的信仰和价值观体系。比如，衡量中国女排总教练在管理女排团队的软实力时，就是看他是否能够让女排队员具有崇高的目标和追求，是否能够让女排团队拥有一套行之有效的训练方法和获得比赛胜利的打法，以及是否能够让团队内部建立利益共享的机制和群策群力的机制。当然最重要的是女排总教练能够让女排团队拥有强大的信仰和形成良好的价值体系。从这个意义上说，中国女排五连冠对中国的影响不仅体现在她们拿到了冠军，为中国争得了荣誉，而且也体现在她们身上的女排精神，对各行各业的人都是极大的鼓舞。

从团队的硬实力来评价领导者和管理者的成效指的是在领导者和管理者的领导下，团队是否形成了一支能打胜仗的队伍，是否获得了必要的财力支持，是否掌握了先进的科技手段，是否取得了荣誉等。

在管理好组织方面，可以从组织的软实力和硬实力的发展来评价领导者和管理者的成效。从软实力的发展方面来说，在领导者和管理者的领导下，组织是否建立了一套有效的、正确的目标和发展之道，是否建立了具有强大竞争力的利益和权力分配机制，是否形成了组织成员能够共同遵循的、能够给组织成员带来激励的信仰和价值观体系，即我们常说的精神文明建设。"君子爱财，取之有道"，尽管组织要盈利，但盈的应该是正确的利益。同样的资金可以投资到不同的产品上，有的产品是环保的，有益于人的身体健康，即使这些产品的投资回报率低，组织也要去投资；有的产品可能会对社会发展产生负面作用，即使这些产品的利润率高，组织也要坚持不投。也就是说，组织不以利益多少作为唯一的投资标准，而是坚守某种准则和价值观。组织拥有正确的价值观非常重要，因为长远来看，正确的价值观能够帮助组织可持续成长。

组织的硬实力的发展包括人、财、物等方面的发展。对组织而言，"人"方面的发展就是领导者和管理者是否建立和发展了一支高素质的人才队伍，"财"方面的发展就是领导者和管理者是否带领组织取得成就，"物"方面的发展就是组织是否具有强大的科技实力等。组织取得的财务绩效无疑是评价组织硬实力的一个重要标准，但是对组织硬实力的评价还应该包括组织对环境的保护，包括对生物多样性、文化多样性的保护等，前者是经济效应，后者是社会效应。

基于时间动态的成效模型和方法

从时间视角的动态方面评价领导者和管理者的成效主要包括三个"对得起"。

第一个是"对得起"过去,第二个是"对得起"现在,第三个是"对得起"未来。

第一个是领导者和管理者的所做所为和结果能够"对得起"过去,也就是对得起历史。所谓对得起历史,就是领导者和管理者传承了前人优秀的价值和文化,而且把它们发扬光大。比如,当代同仁堂领导者和管理者把始于康熙年间的"同修仁德,济世养生"的精神传承了下来。又如历经百年的胡庆余堂,它的名字来自《周易》的文言传中"积善之家,必有余庆"这句话,胡庆余堂现在的领导者和管理者也把这种精神和"真不二价"的做法传承了下来。中国制定《中华人民共和国中医药法》来保护传统,也属于对得起过去。

第二个是要"对得起"现在。作为组织的领导者和管理者,他要能够解决当下面临的问题。比如中国政府领导人就提出"人民对美好生活的向往,就是我们的奋斗目标",中国已经完成了新时代脱贫攻坚目标任务,解决了占全世界人口20%的人的吃饭问题。除了解决生活问题,中国政府领导人还在解决医疗问题,例如为农村人口解决医疗保险的问题;以及在解决教育问题,例如保障九年义务教育、增加民办大学、加强对教育的投入等。

第三个是要"对得起"未来。组织领导者和管理者尽管有任期,主要是对任期内的事情负责,但是从时空的思想来看,领导者和管理者应该要为组织未来的发展打下良好的基础,包括建立一套良好的组织运行体系、良好的组织文化、良好的组织基因,使组织未来的发展有良好的保障。

对得起未来还意味着"有所为而有所不为"。领导者和管理者既要授人以鱼,也要授人以渔。"有所为"指的是领导者和管理者要在组织内部建立学习和创新的机制,使组织具有应对未来变化的能力,为组织未来发展保存良好的自然资源、知识资源和文化资源,进而建立良好的制度文化和基因,还要建立良好的组织运行机制。所谓"有所不为",就是领导者和管理者要为今后人类的发展留下余地,要为子孙后代的发展留下空间。

如果众多的领导者和管理者都能在自己的工作岗位上持续地精进和努力,取得上述良好的时空成效,那么我们的社会将会变得越来越美好,人们会越来越幸福。

参考文献

[1] 陈国权. 领导和管理的时空理论 [J]. 中国管理科学,2017,25(1):181-196.

[2] ARCHIBUGI F,NIJKAMP P. Economy and Ecology:Towards Sustainable Development [M]. Dordrecht:Springer,1989.

[3] ELKINGTON J. Towards the sustainable corporation:Win-win-win business strategies for sustainable development [J]. California Management Review,1994,36(2):90-100.

[4] ELKINGTON J. Accounting for the triple bottom line [J]. Measuring Business Excellence,1998,2(3):18-22.

[5] ELKINGTON J. Cannibals with Forks:The Triple Bottom Line of 21st Century Business [M]. Oxford:Capstone,1998.